我不度眾生

貢噶仁波切的人間行旅

噶瑪悉樂——著

目次

慈悲篇

【推薦序】

世界蓮池

奚淞

有緣結識虔心佛教的噶瑪悉樂，數回偕法友來我工作室聚會，相談甚歡。得知他自少年十四歲便隨上師遠赴印度學習藏文，而後更於二〇二〇年完成為期三年三個月的大閉關，其學佛經歷不可謂之不奇。若談及此，文雅寡言的他，只笑說自己是命運之神特別眷顧的人。

記得約在去年初，知道悉樂將著手為上師貢噶仁波切寫傳記。沒想到二〇二五年農曆年前便讀到他七萬字成書的初稿，令我驚喜。

這本貢噶仁波切傳記的創作歷程及風貌，可以用作者書中一段自述充分說明：

「二〇二四年，我在興建中的尼泊爾貢噶寺，有機會隨侍並採訪……這一本書的內容多數來自仁波切的講述，以及我對仁波切的觀察與問答，它可以是人物傳記，也可以是有時序與主題的散文，對我自己而言，其本質是弟子與上師之間的生命對話。」

確實，這本書的行文風格表現在「弟子與上師間的生命對話」，也令我意識到：藏傳佛教的修行核心是「上師相應法」——師徒之間建立長期雙向交流的盟約，以此在無常世間，維持古聖一點心光的生命傳承。噶瑪悉樂年未四十，便已追隨上師二十四年，這本記述上師生涯及教學的散文集，師徒間坦誠無隱的問答，為我揭開一重藏傳「上師相應法」修行法門的面紗。

噶瑪悉樂行文從容簡淨，寫情不浮濫、說佛理不離生活。三十二篇散文由不同主題切入，各有其起承轉合的完整性，形成串珠式寫作。珠光曖曖內含、相互照映，浮現貢噶仁波切多方面的立體面貌。

檢視文集目錄，又分兩大段。上立「真誠篇」，概述仁波切生平；下立「慈悲篇」，描述仁波切的教法和生活。真誠與慈悲二辭看似平淡無奇，在三十二篇的烘托下，卻能引起修行人反思：我真的能誠實觀照自心嗎？我能真正愛人如己嗎？此中的隨緣運用和反省，「真誠與慈悲」就也成為學佛人成佛之道迢迢長途的指示牌了。

散文有許多題目來自仁波切在對談中的話語，諸如「我不喜歡讀書」、「不轉世了」、「我覺得你很煩耶！」、「我不度眾生」、「Gay也會成佛」、「馬路比佛塔重要」……其內容都十分鮮銳、出人意表。

就以藏傳佛教法門特有、也最引起人們遐想的「祖古」（轉世修行人）身分而言，他是自幼被認證、作為第十世貢噶仁波切的當代傳奇。處身佛經所謂的「末法時代」，這位轉世仁波切有種種令人跌破眼鏡、桀傲駭俗的言行，正是他誠實面對自心和環境變化的表現。另一方面，散文同時呈現「被欺負的窮小孩」、「遊客吃剩的食物」、「嚴師與墜樓」、「閉關、歷練與單飛」……如實顯示他和光同塵、與凡夫庶民共命的種種忍苦煎熬。

對先天便註定肩負傳遞佛法命運的轉世修行人而言，有什麼比苦難磨練更重要的經驗？經常的，貢噶仁波切都從生活事件的艱難處說到「認識苦」、「看到自心」、「回歸佛陀的慈悲」。事實上，佛陀兩千五百年前初轉法輪，便是由「苦聖諦」說起的。

欣喜讀到這樣一本結構縝密而又生動的佛教文學，也高興結識新一代投身佛法志業的作者。噶瑪悉樂曾送我一粒代表吉祥祝福的珍珠作見面禮。指尖大、晶瑩滾圓的珍珠，一時我不知如何收存，便把它置放在佛桌、作為案頭清供、一枚蓮蓬上的蓮子窟窿裡去了。

當時我沒多問珍珠來歷，後來所知果然是噶瑪悉樂在大閉關中，用以進行十萬遍以上、向諸佛菩薩及眾生獻供、曼達盤上所盛放諸多珠玉寶石中的一粒，意義重大。

我晚年潛心淨土，蓮蓬便是白頭念佛人蓮花藏世界象徵。長年下來，佛案清供的蓮蓬早已風乾成暗色標本。如今珍珠置入蓬面中央窟窿。一點玉色微光，彷彿象徵奇妙生機，要把其他數十粒石化墨色蓮子從沉睡中喚醒。

誠如貢噶仁波切所說：無論世事如何變化，一切都要回歸向佛陀本懷。

回看兩千五百年前，釋迦牟尼得成正覺。在他初轉法輪前的沉思冥想中，世界化為巨大蓮池。佛眼觀見——

無量無邊的生命種籽正奮力萌芽……幼苗抑壓糾纏泥澤，處境濁暗艱困，有些生命恐怕難見天日便已爛壞……太多參差高低、交互摩挲，競向水面生長的嫩葉、莖桿和芽苞，它們會互相阻礙嗎？……呀，不少花苞已經靠近水面了……看哪，此處彼處，那些出水、亭亭玉立的花莖正向朝陽不斷升高……妙啊！成熟含苞的花瓣顫顫然，彷彿等待晨風吹拂、或者是只要朝它輕輕吹一口氣，這朵蓮花就能完全盛開了……

於是佛陀從菩提樹下緩緩起身，準備向世界宣說法義。

但願一點心光穿越時空，福祐所有的學佛人。

佛曆二五六九年三月二十四日晨新店溪畔微笑堂

【本文作者】

奚淞，畫家、文學家、手藝人。曾擔任《雄獅美術》、《漢聲雜誌》編輯，擅長佛教藝術創作，尤以白描觀音、佛傳油畫著稱。著作有小說、散文、畫冊，包括《封神榜裡的哪吒》、《給川川的札記》、《紅樓夢幻》（與白先勇合著）、《光陰十帖》、《大樹之歌》、《微笑無字書》等十餘種。

繁涅滴露示心法

佛曆
二五六九年

馬爾巴
大手印四句偈

顯相卽心

[illegible]

心卽空性

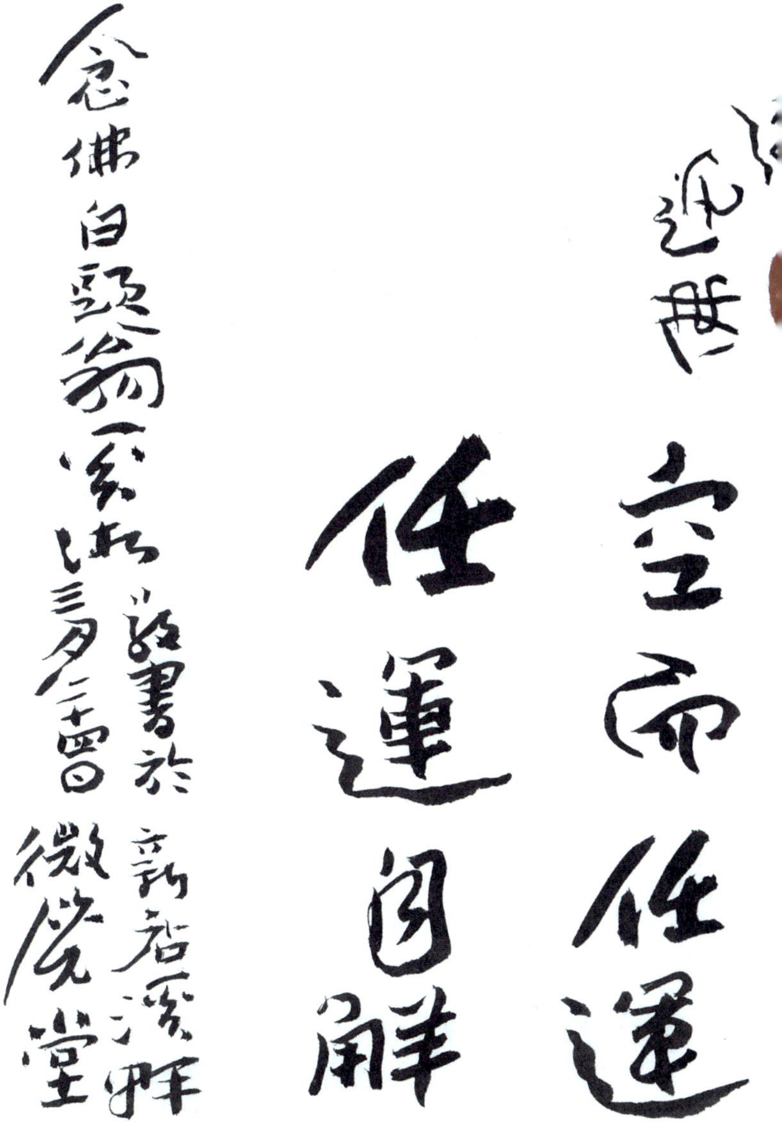

奚淞抄寫馬爾巴大師的大手印偈頌。奚淞於序文寫畢之後，即興抄寫此偈，恰好對應本書的〈禪修才能成佛〉。

CC DOUB
ATHLET
1965 NY.

前言

為何找我寫書？

貢噶仁波切是一位與眾不同的上師。

他受過完整的藏傳佛教僧伽訓練，並且得到驗證，具有無私的慈悲心與處世的智慧，這與一般人想像的佛法上師特質無異。但是，他的另一種特質是特立獨行、不畏人言，說話、做事從不討好誰，只求對得起自己的信仰。在不少場合中，他為遵循己志，常讓在座的人或吃驚、或側目，這在藏傳佛教的一眾上師裡，是出了名的。他是隻單飛的雄鷹。

他實在太特別了。作為他多年的弟子，或親見、或耳聞，我曾幾次提筆想記錄他的故事，無奈缺乏深入的觀察，往往只知其事件，而不知其背後的邏輯與脈絡，無法探其核心價值，只能作罷。

二〇二四年一月，我前往尼泊爾貢噶寺為仁波切慶生，並獻上我為知名的功夫影星李連杰撰述出版的《超越生死：李連杰尋找李連杰》一書。仁波切翻閱之後，問我，是否願意也為他寫一本？自己的恩師，我當然應允。回臺之後，隨即著手安排後續的採訪工作。

同年五月，我再訪尼泊爾，長住貢噶寺，日夜跟隨仁波切。仁波切的華語聽講能力不錯，加之以我對藏傳佛教的瞭解，以及與仁波切多年的默契，對談不成問題。

我的第一個問題是：「為何想讓我為你寫書？」仁波切答：「很多弟子好奇，想瞭解我，但沒有機緣跟他們說。」我又問：「仁波切想用這本書跟讀者說些什麼？」仁波切說：「是不是一個佛教徒不重要，但是要當一個好人，要有慈悲心，要誠實。」他一貫寡言，難得又開口補述：「慈悲與誠實，能夠帶給你快樂。」

慈是希望對方快樂，悲是不捨對方痛苦，這種品德都需建立在真誠之上；先有真誠，才有能力慈悲。於是，真誠與慈悲，作為本書的兩大題旨，這是仁波切自己的定義。

仁波切不喜歡、也不習慣聊天，不論是第二語言華語，或是他的母語藏語。他對人事物的描繪，往往停在點狀的敘述。在訪談的過程中，我驚覺仁波切不曾在記憶裡為自己編年記事，也不為自己的歷史設置里程碑，這與常人迥異。若說歷史建構了自我認識的主體，仁波切恰好相反，他不為自己形塑主體，他不在乎，至於他人要如何形塑對他的認識，他也不在乎。

我經常在向仁波切提問之後，雙方進入漫長的凝視與等待，最後仁波切可能會說：「我忘了。」或是「這無所謂。」專注在當下，不留戀過去，是仁波切的本能反應。他的記憶是點狀的，「我忘了」也可以充滿美感與意境，並富有詩意與禪機。本書的寫作，取材自仁波切的生平故事，並刻意保留仁波切這項與眾不同的特色，顛覆傳統傳記的編年與長篇敘事，呈現他自然真誠的樣子。

二〇二四年在尼泊爾的採訪，是我第一次這麼長時間且持續地跟仁波切相處。而且，因為仁波切有意協助提供更多資訊，所以幾乎是有問必答（即便答覆時常是「我忘了」），這在與他相識逾二十三年、卻相處有限的經驗裡，是極為難得的。在與仁波切的互動中，不論是主動的問答，或是被動地觀察，我都有許多別於以往的瞭解與感動，或翻轉、或敲碎過往我既有的經驗與理解。

佛法說，眾生在無止盡的痛苦裡反覆生死，謂之輪迴；就像是用了一個錯誤的公式，永遠導不出正確的解答。要跳脫這個苦之迴圈，第一步就是要認知到自己在受苦，並有希望脫離的心，再以此心為動力，改變自己的思考與行為，開啟新的局面。這其中的關鍵，就是認知概念的改變。上師在這條路上，擔任最重要的引路人。

回憶二〇〇一年，我當年十五歲，是很虔誠的藏傳佛教弟子，並且久聞貢噶仁波切大名——依當時的師承輩分算起來，他是我的師公。當年仁波切初次來臺弘法，盛極一時，我的母親帶著我的照片拜見他，請他給予加持與祝福。仁波切看了我的照片，問我母親：「是否可以將他帶回印度？」忽此一問，我的母親不及細想，只回：「那得看小孩本人的意願。」當我與仁波切見面相談後，確定我想前往印度學習的決心，該年便從臺灣休學，前往北印度智慧林佛學院，隻身留在喜馬拉雅山麓的深林裡學習。

回首來時路，仁波切當年的提問，以及我自己的決定，造就了往後一連串特別的生命歷程。歷史沒有如果，路途也無法重來，二十餘年來，我始終覺得自己是被選中的幸運之人。

本次有幸，再有機會，長時間地跟隨仁波切採訪。過程中有衝擊，也有感動，這不僅是寫作材料，更是我生命靈性蛻變成長的啟發。本書的前半「真誠篇」，是貢噶仁波切的生命歷程，誠實地揭露他的成長與榮辱。後半「慈悲篇」，寫仁波切的思考與價值觀。誠摯地希望，為貢噶仁波切而寫的這本書，能豐富讀者對一位藏傳佛法上師的想像，乃至啟動您探索內在生命的旅程。

寫於奈良興福寺猿澤池畔　二〇二四年中秋

真誠篇

第一章

被欺負的窮小孩

再婚的媽媽，生出第二個靈童

仁波切說，故事的最開始，要從父母的相戀講起。

仁波切的母親叫做巴皆桑茉（Palkyi Zangmo），家族是東藏康區德格（Derge）的窮苦牧民。桑茉長得高䠷，面容美，一雙眼睛格外吸引人。雖然桑茉年輕時的照片付之闕如，但仁波切及他的三位妹妹都遺傳了桑茉的美麗眉眼——那是目光越過人群，遠遠一望，也能看見睫毛與水靈瞳仁的眼睛，一見難忘。

初長成的窮牧女，命運難以自主。桑茉約莫在二十歲出頭，便聽從父母之命嫁為人婦。這是桑茱的第一段婚姻，丈夫不是貢噶仁波切的爸爸。

在這段婚姻裡，桑茱很快地懷孕生子，是一個男孩。男嬰尚不足一歲，當地的格魯派（Gelug）與寧瑪派（Nyingma）的僧人們，紛紛前來指認，說這是自己所屬教派大師圓寂之後轉世再來的靈童。桑茱的丈夫不置可否，要這群僧人們自己商量出個結果。最後是由格魯派的僧人迎回靈童。

此前，我僅有印象貢噶仁波切的父母是經自由戀愛而結合，不知道在更早之前，他的母親還有一段婚姻，而且所生的男孩也是轉世仁波切。貢噶仁波切至今仍不知道這位同母異父的哥哥是誰，他曾拜託人去找，但毫無音訊。我問仁波切，找人是媽媽的意思嗎？仁波切說不是，媽媽沒有這個想法，是他自己的希望。

桑茱的丈夫後來罹患胃癌，不久後辭世。年輕的寡婦桑茱為亡夫祈福，發願前往佛陀聖地印度朝聖。一九八〇年代初期，背負著信仰要從藏地徒步前往印度，在政治、交通、氣候、地形與健康條件上，都是一段備極艱辛、極可能喪命的旅程，桑茉沒有跟家人說實話，僅表示要到藏地的岡仁波切峰（Mount Kailash，藏名Gang Rinpoche，屬岡底斯山系）徒步轉山，就此離家。

她為了籌措旅費到拉薩打工，在甘丹寺（Gaden Monastery）附近參與粗重的修路工程，每日賺取五塊錢。在一起修路的工人裡，有一位比她年輕五歲的英俊男孩，叫做策旺仁津（Tsewang Rigzin），他們一起修路，逐漸互相吸引，逐漸有了感情。而後桑茉與仁津交往，並加入了三十餘人的徒步隊伍，從藏地出發，預計越過喜馬拉雅山的中尼邊境，取道尼泊爾，目標是佛陀成道的聖地印度。

旅途中，桑茉隨隊伍去了岡仁波切峰，眾人在平均海拔五千公尺的所在，繞著大山，以數週的時間，行大禮拜，用全身俯地的禮敬方式繞山三圈。在轉山時，桑茉與仁津遇到一位老喇嘛，他拿著絲綢卡達，說要獻給她腹中的胎兒。老喇嘛並叮囑桑茉，要好好教導你的兒子，他若學好，不僅尊貴，還能利益很多眾生；反之，他若學壞，則會成為傷害這個世界的人，請你一定要多加注意。桑茉一頭霧水，她渾然不知自己已經有了兩個月的身孕。

朝聖的隊伍持續前進，為了躲避國境的檢查關卡與荷槍實彈的巡邏官兵，僅能晝伏夜出。在缺乏物資、條件極為匱乏的情況下，許多人在行進中凍傷了腳，凍傷又逐漸惡化，終至斷腿，甚或死亡。隊友無法背負亡者的屍身行進，也無暇悲傷，往往就地以冰雪掩埋，繼續兼程趕路。這趟翻越喜馬拉雅山、萬分危險的路程，徒步走了兩個月，才到達尼泊爾的加德滿都（Kathmandu）。

佛法的傳播路徑，是從印度發源之後，在不同時期向不同的區域傳播而成。藏傳佛教即是從印度開始，向北途經尼泊爾與不丹等泛喜馬拉雅山地，最終傳至藏區的一支，所以藏人普遍視尼泊爾為聖地，千百年來，往來兩地朝聖與通商的人馬絡繹不絕。

桑茉一行人暫居加德滿都，語言不通，也僅能住在鐵皮頂的難民營裡，餐食斷斷續續，吃的又是藏人不習慣的辛辣咖哩，衛生條件奇差，一旦感染傳染病，很難取得醫療資源，幾乎是放任自生自滅。藏人就算翻得了雪山，也不見得能在這裡活命。

幸運的桑茉，懷有六到七個月的身孕，身體狀況尚可，挺著一個大肚子，是難民中特別顯眼的一位。她不理會眾人阻止，堅持每天到博達滿願佛塔（Boudhanath）大禮拜匍匐繞塔。在順時針繞著大佛塔的人潮裡，有一位身穿藏紅僧袍的尼師，忽然趨上前來跟桑茉搭話。尼師說，她跟在桑茉身邊一起繞行了一陣子，清楚地聽見桑茉腹中傳來文殊師利菩薩咒語的聲音，此胎必定特別，所以前來問訊。桑茉謝過，並未將尼師的話放在心上。

到了懷孕九個月時，桑茉聽聞法王將在印度的佛陀成道處菩提迦耶（Bodhgaya）正覺大塔給予灌頂，決定前往參加。周遭親友們聞訊，紛紛阻止這位即將臨盆的女人行此冒險之事，但桑茉依然堅持，於是她在仁津的陪同下前往。

桑茉挺著身孕，與丈夫又踏上黃沙滿天的幾天路程，總算到達菩提迦耶。她憑著信仰，以及驚人的意志力支撐著身體，從家鄉出走，一路上做粗工、戀愛再婚至懷胎，歷經了萬般辛苦翻越雪山、痛失隊友的苦難，緊接又是避居難民營的惡劣生活；此刻，終於走到佛陀的聖地。當晚，在佛陀的庇蔭下桑茉沉沉睡去，彷彿此生的旅途，總算能在此刻鬆出一口氣。隔天早晨，桑茉還在休息，仁津獨自外出繞塔。不多久，桑茉忽然感到陣陣下腹疼痛，羊水破裂，幸得幾位藏人婦女的協助，幾個小時後，誕下一名健康的男嬰。

這一天是西元一九八三年一月二十四日，藏曆水狗年十二月初十，藏傳佛教傳統上蓮花生大士[1]的吉祥日，也是本世貢噶仁波切的生日[2]。

1 蓮花生大士，梵文名Padmasambhava，藏傳佛教文化圈中稱為咕嚕仁波切（Guru Rinpoche，意為珍寶上師），中文簡稱為「蓮師」。西元八世紀時的印度佛法大師，學問與修行臻至圓滿，應藏王赤松德贊的邀請，前往藏地弘法。藏傳佛教的開山祖師，被藏人視為第二佛，影響深遠。

2 貢噶仁波切生於藏曆水狗年（一九八三）尾，向來以狗為生肖。但在仁波切三十歲那年，遇見一位精通藏曆的前輩，前輩說，藏曆的每年年尾十一月起，要屬下一年的生肖，自此，仁波切自稱生肖屬豬。

比父親更親：記大司徒仁波切

不知出於什麼原因，剛出生的小男嬰不喝母奶。為了養活他，仁津每天得要拿著罐子跟印度人買牛奶。桑茉與仁津是貧困的藏人，千里迢迢來到印度，面對種族歧異、語言不通，又身無分文，讓他們備受歧視，在這樣困苦的生活裡，兩人努力照料這個小生命，不免負擔更加吃重。

桑茉決定，只在菩提迦耶待一週，之後前往德里（Delhi），再轉往印度北方小鎮拉瓦爾薩瓦（Rewalsar）暫居三個月。那裡有蓮花生大士的聖湖措貝瑪（藏文Tso Pema，意為蓮花湖）以及她的表親。她想等嬰兒大一些，堪受旅途勞苦的時候，才循原路，走往尼泊爾，翻過喜馬拉雅山，回藏地的家鄉。

桑茉與仁津帶著嬰兒，從菩提迦耶搭火車前往德里。當地的火車依照票價有不同的車廂，他們買了最便宜的票，搭上了擠滿人的火車。火車上的印度人攜帶著各式各樣的行李、農作物或是活的牲畜，火車頂與火車外邊都有乘客攀附著。列車短暫靠站，仁津趕緊拿著罐子跳下車，為孩子買牛奶。不料，當火車開動時，月臺上的人潮阻隔了仁津上車的路，他捧著罐子，眼睜睜地看著火車開走。車上的桑茉抱著孩子，在啟動的列車上以藏語大聲叫喚丈夫，聲音逐漸被火車聲與周遭印度語淹沒。

桑茉抱著孩子，焦急地在下一站下車，找到車站警察，嘴裡講著飛快的藏語，夾著一兩個印度語單詞，比手畫腳地溝通。所幸仁津也在前一站找到警察求助，這才透過警察讓一家人重逢。

他們繼續搭火車往德里，再從德里的藏人村搭上沒有玻璃窗的巴士，隨著

照片中的幼童即是貢噶仁波切。著僧服背對鏡頭輕撫貢噶仁波切的是大司徒仁波切。持轉經輪的老喇嘛是薩傑仁波切。（貢噶仁波切提供）

車輪捲起的滾滾黃沙，一路搖搖晃晃十餘個小時，終於到達蓮花湖的表親家。

在敘述接下來的故事前，需說明當今藏傳佛教概況。大的傳承約略可以區分為四大教派，其中的噶舉（Kagyu）傳承中，有一支相當興盛的噶瑪噶舉（Karma Kagyu）派，自九百多年前的祖師——杜松虔巴（Dusum Khyenpa）以降，開枝散葉，迄今不衰。噶瑪噶舉最廣為人知的事蹟，就是確立了藏傳佛教的轉世制度，亦即證悟的大師圓寂之後，神識再度入胎，降生於這個世界，延續前世的佛法基業，利益眾生。轉世者用不一樣的身體，一樣的神識，代代相傳至今。

噶瑪噶舉教派的掌教領袖是噶瑪巴（Karmapa），即杜松虔巴的歷代轉世，當今已轉至第十七世。西元一四〇七年，第五世噶瑪巴德新謝巴（Deshyin Shekpa）有一位赫赫有名的漢人弟子——明成祖永樂皇帝，永樂帝為他的上師獻上中文尊號「大寶法王」，沿用至今。大寶法王的高徒——丘吉嘉稱（Chokyi

Gyaltsen）在同年也獲永樂帝尊號「大司徒」榮銜，此即第一世的大司徒仁波切（Tai Situ Rinpoche，中譯又稱「泰錫度仁波切」）。大司徒仁波切的主要寺廟，是在東藏德格的八蚌寺（Palpung Monastery）。

大寶法王噶瑪巴與大司徒仁波切累世互為師徒。第五世法王的弟子是第一世大司徒仁波切，當第五世法王圓寂，轉世再來的第六世法王，就由第一世大司徒仁波切擔任其主要上師，將前世法王所傳授給他的佛法，完整地教回給第六世法王。噶瑪噶舉傳承就是以此轉世與互為師徒的制度，將佛法保存至今。

當今的大司徒仁波切是第十二世貝瑪東由寧杰旺波（Pema Donyo Nyinje Wangpo），他在第十六世噶瑪巴為主的幾位近代大德教養下成長。一九七五年，大司徒仁波切時年二十二歲，承其上師噶瑪巴的旨意，在北印度的比爾（Bir）地區，創建八蚌智慧林寺（Palpung Sherabling）並以此為弘法的基地，在全世界各地講學傳法。

大司徒仁波切是噶瑪噶舉派中德高望重的上師，經常需主持教派中的主要事務。此時，遠在藏地康區境內，同樣所屬噶瑪噶舉派的貢噶寺（Gangkar Monastery）的住持、近代影響力絕偉的藏學暨佛學大師——第九世貢噶仁波切（Bo Gangkar Rinpocje）在一九五七年圓寂之後，遲遲沒有轉世的消息，貢噶寺的僧眾著急，便向大司徒仁波切求助，希望能尋得貢噶仁波切的轉世靈童。

一九八三年，桑茉在印度菩提迦耶誕下男嬰的同一時間，大司徒仁波切正在印度東北角的索那達鎮（Sonada）參加第一世卡盧仁波切（Kalu Rinpoche）的灌頂法會。某日，在大司徒仁波切的禪修定境中，得到了一些資訊。大司徒仁波切在信紙上寫下了一對父母的名字，以及他們孩子的生日，並將信捎回智慧林寺，請寺中的執事喇嘛索巴多傑（Zopa Dorje），按照資訊低調地去尋找這個新生兒。

喇嘛索巴多傑每兩週派人出去尋找，四處詢問有沒有一對藏人夫妻，母親叫做桑茱，父親叫做仁津，以及他們在十二月初十誕生的孩子。但印度何其廣大，流離失所的藏人也沒有編戶系統，只憑這三個資訊，有如大海撈針，三個月下來，即便索巴多傑派人問遍了智慧林寺鄰近的藏人聚落，依然一無所獲。

距離智慧林寺大約四個小時車程的蓮花湖，是藏人密集的小鎮，智慧林寺吃食與儀式供品需要的糌粑粉必須在此處購買。到了本月要買糌粑粉的日子，索巴多傑遣人前往蓮花湖採購，同時不忘叮囑，必須繼續尋找大司徒仁波切交代的嬰孩。就在這一天，外出採購的喇嘛聽到附近老太太們耳語，談起附近有一對剛從菩提迦耶來的年輕夫婦，他們也有一個新生兒。

喇嘛循線找到了桑茱夫妻，看見了他們的新生兒，欣喜若狂，馬上回智慧林寺跟執事索巴多傑報告。隔日，索巴多傑親自前往蓮花湖拜訪桑茱夫妻，說明大司徒仁波切的旨意，懇請桑茱一家遷住智慧林寺，等待大司徒仁波切回寺接見。

桑茉夫婦忽然得知此訊，有些詫異，但既然原先就無意在印度久留，又有大司徒仁波切的旨意及喇嘛索巴多傑的堅持，於是同意前往智慧林寺暫住。到了智慧林寺，先拜見寺中最資深的薩傑仁波切（Saljey Rinpoche），薩傑仁波切一連三週，每日都親自為嬰孩加持，並進行灌沐的儀式。

數個月後，大司徒仁波切回寺，接見他們並親賜一個名字給嬰兒，喚做噶瑪蔣揚多傑（Karma Jamyang Dorje）。噶瑪是傳承的名號，蔣揚是文殊菩薩的意思，多傑意為金剛，取其不壞之意。肇因於桑茉懷孕時，有人聽見腹中傳來文殊菩薩咒的緣故，於是噶瑪蔣揚就成了這個小男嬰的名字。

大司徒仁波切向桑茉夫婦說明：噶瑪蔣揚是個特別的孩子，懇請你們在智慧林寺住下，讓他接受佛法教育。桑茉夫婦陷入為難，因為他們很希望回到藏地的家鄉。大司徒仁波切一再說服，請夫婦倆在此陪伴小孩，直到他十歲左右，再做打算。最後，桑茉夫婦接受了大司徒仁波切的提議，就此住下。

噶瑪蔣揚住在寺廟裡，父母住在寺廟下方的藏人宿舍。幾年過去，噶瑪蔣揚已經長成了活潑的小男孩，圓圓的頭像爸爸，漂亮的眼睛像媽媽，十分可愛。從他懂事開始，雖未剃度，但已做出家僧侶的裝束，與同期的小僧侶們一起生活。即便他的出世與被尋獲的過程是如此特別，但他沒有受到特別的待遇，在寺裡跟大家睡一樣的寮房，喝一樣稀的扁豆湯，穿一式的僧服。唯一不同的是，大司徒仁波切若在寺中，經常將噶瑪蔣揚喚去他的居處，送他一些外國弟子供養的巧克力，或是特別的小東西。

長大的貢噶仁波切回憶，大司徒仁波切不僅是上師，也像是爸爸，甚至比爸爸更像爸爸。他說：「大司徒仁波切不僅照顧我，也照顧了我們一家人。他養我們全家。」噶瑪蔣揚對大司徒仁波切來說，是弟子，也像孩子，他將畢生所學傳授給他，教他佛法，給予灌頂，授以口傳，甚至像是堪輿及卜算，也都一一傳授。「我的一切都是他給的」，貢噶仁波切說。

佛法的上師，生活的慈父，一處在紅塵浪潮裡的泊岸，一位比父親更像父親的人。這是貢噶仁波切對恩師大司徒仁波切的定義。

某一次吃飯時，貢噶仁波切談起，他很懷念大司徒仁波切煮的火鍋。鍋子是以炭火加熱且中間有高起煙囪的銅爐，鍋裡是用新鮮的蔬菜、菇菌與藥材熬的湯底，他說那是只有在智慧林寺吃得到的味道。同樣的食譜讓不同人煮，就是沒有大司徒仁波切的手藝做的好吃，貢噶仁波切曾嘗試炮製，但也無法還原那種美味。我很希罕聽到仁波切講出如此閒散的瑣事；這看似微小，實則關連著生命記憶，一則噶瑪蔣揚對慈父愛的記憶。

貢噶仁波切童年，一九八〇年代。（仁波切提供）

遊客吃剩的食物

一九八〇年代的印度藏人處境艱難，物資寡少，雖說如此，他們心中有佛法的力量，依然展現堅韌的生命力。大司徒仁波切率領僧眾弟子，在北印度比爾的一片松樹林裡，重新建立了八蚌智慧林寺。當年的智慧林寺是在大司徒仁波切四處奔波傳法，好不容易累積的善款所創建的。僧院是長方形的大天井院落，規模不大，雕飾樸素，共兩層樓。長邊兩側的一二樓都是僧人的寮房，短邊的盡頭是大殿，與山門及浴廁相對。最初的智慧林建築如今已不復存在，只能以照片回憶。這裡是噶瑪蔣揚成長的地方。

桑茉與仁津夫婦住在寺廟主建築外側的簡陋宿舍裡。整個宿舍建築是個長方體，像一個盒子，密密地收納流亡藏人。宿舍兩端正中央是沒有門的出入口，昏暗長廊的盡頭透入亮亮的光。兩側是密集隔開的小房間，各自吊著一盞黃光燈泡。多數房裡是席地的臥鋪，好一些的則有鐵架的床，架上或牆上供奉著佛陀與大司徒仁波切的照片。這裡陰冷、窄小、潮濕，水泥地像是永遠乾不了。

桑茉與仁津答應大司徒仁波切在此留住十年，陪伴照顧噶瑪蔣揚，但隨著三個女兒噶瑪多傑卓瑪（Karma Dorje Drolma）、噶瑪蔣秋措（Karma Changchub Tso）以及噶瑪列些拉茉（Karma Lekshe Lhamo）陸續出世，一家五口在宿舍的生活空間不足，勢必需要另覓居處。

大概是在一九九一年，噶瑪蔣揚八歲的時候，桑茉與仁津認為不能總是依賴寺廟維生，故而決定搬離智慧林寺，前往蓮花湖投靠桑茉的表親。經過表親的介紹，夫婦倆在一間藏人學校當廚工，整日買菜、切菜、煮菜、洗碗盤，身上永遠都是在廚房沾染的油漬。他們付出了所有勞力，收入仍然微薄，仁津只好晚上多兼一份差，當守衛，晝夜不息，即便如此，他們賺的錢永遠不夠用。一家五口人，一日復一日地度過，終也活了下來，如今回想起來好像奇蹟。當然，他們夫妻已擠不出任何一分錢可以寄給留在智慧林寺的噶瑪蔣揚。

當年在藏傳佛教佛寺裡學習的僧人，不論長幼，都需要自籌生活費，寺廟只提供三餐。舉凡額外的吃食、上課用的紙筆課本、冬日的衣被、法會需要的個人法器，全都需要自備。噶瑪蔣揚在寺裡僅能用寺廟給予的最低生活標準度日。

八歲開始，噶瑪蔣揚的雙親不在身邊，上師大司徒仁波切也因故滯留美國五年，這段時間裡，只有與他同寢室、年齡稍長的僧人室友照應他。噶瑪蔣揚雖然是由大司徒仁波切找回來的轉世靈童，但因為尚未公開認證，所以一切待遇都如一般學僧。原本已是家貧，現在驟然失去依靠，噶瑪蔣揚的生活陷入困苦。

雖說是艱貧，但日子裡還是有些快樂。課餘時間，噶瑪蔣揚喜歡跟朋友一起玩。像是來自錫金（Sikkim）的蘇南（Sonam）、來自智慧林寺附近小鎮江德拉（Chauntra）的阿布慈誠（Abu Tsultrim），以及來自拉薩移民第二代的拉薩布古（Lhase Pugu）。這群不滿十歲的小男孩們，找到機會便呼朋引伴，到森林裡的河邊戲水。如果有誰的手上多了一兩塊錢，就可以買泡麵，再帶上鍋子。遊戲餓了，大家就分頭撿松枝、取河水，生火煮水，用泡麵裹腹。

仁波切回憶，當時三餐吃不飽，下午三點鐘往往是最餓的時候。有一次，幾個小男孩餓得受不了，又沒有錢買食物，大夥只好偷偷地跑去寺裡的牛棚，偷擠牛奶來喝。牧牛的人發現了，一狀告到辦公室去。管家喇嘛召集所有人，厲聲喝叱，問道是誰這麼大膽？竟敢行偷盜之事！幾個犯案的小男孩嚇得瑟瑟發抖，不敢承認，這時，噶瑪蔣揚站了出來，說這是他一人所犯。管家喇嘛即刻在大眾面前加以體罰，噶瑪蔣揚就此被惡打了一頓。

當然，吃不飽而去偷東西是不對的，小男孩們知道，所以比起偷盜，他們更常去寺廟所屬的商店門口徘徊等待。

商店販賣生活用品，也兼做餐廳，小孩子們有錢的話，就可以點炒飯、炒麵、泡麵加蛋，或是烤餅與馬鈴薯來吃。噶瑪蔣揚最喜歡的食物是烤餅配馬鈴薯咖哩。圓圓的、烤出麵香、疊著、放在小桶裡暖著的餅，看起來粉粉胖胖的，還有旁邊一鍋黃澄澄加了香料與辣椒的馬鈴薯醬，點一份當年才盧比一塊半。但噶瑪蔣揚窮得連五毛錢都沒有，怎麼吃得起？所以，噶瑪蔣揚與一群小孩在商店門口踟躕，扶著門框探看，專心得連眼皮上的蒼蠅都忘記揮趕，只顧著嚥口水，就等著商店裡的西方客人吃飽離開之後，好去搶桌上的剩菜來吃。

長大後的噶瑪蔣揚，現在大家尊稱他為貢噶仁波切，是尼泊爾一個山頭寺院的開山上師。多年來，我與他吃飯，總發現他在吃飽離座時，盤中會留下一些沒吃完的食物。原先我帶著「惜福」的觀點，難免覺得可惜，但在知道噶瑪蔣揚曾經那麼期待客人盤中的餘食，我才體會到，這些上師沒吃完的食物，可能會成為利益某些眾生的養分。

嚴師與墜樓

一九九一年到一九九六年，噶瑪蔣揚從一個八歲的兒童，長成了十三歲的少年。這一千八百多個日子裡，他依著長高的身量換了幾套僧服，也度過了幾個寒暑；上師不在身邊，沒有父母的照護，曾經被盛大祝福的他，零丁一人走進了新的生命階段。

這一年，大司徒仁波切終於回到智慧林寺。一日，大司徒仁波切召來寺裡的總管喇嘛，慎重地說明：噶瑪蔣揚就是偉大的第九世貢噶仁波切的轉世[3]，眼前的十三歲少年，就是第十世貢噶仁波切。

過去的十三年，大司徒仁波切觀察因緣尚未成熟，一直沒有宣布噶瑪蔣揚的身分，只稱他是某位大師的轉世者，直到現在才獲得確認。為了現世貢噶仁波切的佛學教育，大司徒仁波切希望尋得一位學養精深的親教師，隨侍貢噶仁波切，傳道授業，也照顧他的生活起居。

透過藏區貢噶山的喇嘛打聽，知道有一位時年二十七歲的貢噶山僧人噶瑪洛桑（Karma Lozang，一九六九年生）學業表現傑出，佛法修為上也極為精進；為了求法，噶瑪洛桑徒步翻越喜瑪拉雅山來到印度南方，到當時堪稱最完備宏大的佛學院——寧瑪派貝諾法王（Pema Norbu Rinpoche）所建立的勝乘南卓林寺（Namdroling Monastery）的雅久寧瑪佛學院（Ngagyur Nyingma Institute）求學。智慧林寺的總管喇嘛立即寫信到南卓林寺給噶瑪洛桑，向他說明：尊貴的貢噶

3 關於第九世貢噶仁波切（貢噶佛爺）的故事，請參閱本書〈前世盛名〉之章。

仁波切，也就是你的祖寺上師轉世再來了，目前正在北印度的智慧林寺學習。遙悉你的學養精深，希望能請你來擔任貢噶仁波切的親教師。

噶瑪洛桑收到信，知道了自己祖寺的上師轉世再來，自然是又驚又喜！即刻就想動身前往智慧林寺。上師與弟子是生生世世的關係，現在彼此在異地，有機會能跨越時空重逢，如果能夠以自身所學貢獻給上師，那自然是最有意義的！

噶瑪洛桑向南卓林寺的住持貝諾法王稟告去意，法王知其品學兼優，距離完成學位也僅差數步之遙，請噶瑪洛桑再留學一年，南卓林寺就可以頒堪布（Khenpo，相當於佛學博士）的學位給他。然而噶瑪洛桑終究認為服務上師的機會比自己的學位重要，於是拜謝貝諾法王之恩，旋即啟程前往北印度智慧林寺，出任貢噶仁波切的親教師之職。

仁波切是多生多世轉世再來的高僧，他的神識、或說是靈魂、或說是精神

貢噶仁波切與洛桑老師在智慧林寺附近松林，一九九〇年代。（噶瑪悉樂提供）

的本質，是超脫凡俗的，是具有圓滿的慈悲與智慧的，他有能力帶領弟子的心靈，達到跟他一樣的境界，解脫輪迴的痛苦，達到究竟圓滿的喜樂。這樣的上師，被藏人視為「人中至寶」，這個尊稱的音譯即是「仁波切」。只是，身而為人，就有人類物種的限制，肉身需要進食喝水，需要睡眠，也一樣會老、會病、會死亡。現世的貢噶仁波切，雖然神識是大師轉世，但此生仍須再次受教育，重新啟發他內在的潛能；所以，他是上師，此生從頭來過也是個學生，他會需要一位老師指導他的佛法學業。相對地，噶瑪洛桑之於貢噶仁波切，是超越時空、佛法上的弟子，但也是這個物理時空中、課業上的老師。

青年噶瑪洛桑老師孤身來到智慧林寺，與剛剛被指認為貢噶仁波切轉世的少年學生分配同住一房，授業學習，飲食起居，孑然的兩人，原各殊異的生命路線從此交會。

洛桑老師的身量不高，眉骨突起、顴骨高聳、雙頰削瘦，濃眉之下，銳利的單眼皮眼睛炯炯有神。他日日穿著正式的三件一套的僧服，內黃襯衫、背心堇噶（Togak）、外搭藏紅披肩，下身穿著折痕整齊的僧裙，乾淨俐落，連腰帶都紮得一絲不苟。他的裡外如一，精悍而嚴格，不怒而威。他高超的學業成就，不僅來自聰明才智，更是來自堅強的意志力與自律精嚴的結果。

老師嚴以律己，同樣也嚴加規範貢噶仁波切。他相信百煉成鋼。這個照顧與教育仁波切的責任何其重大！這不是普通的學生，而是一位大師的轉世、是祖寺貢噶寺的總上師、是家鄉整座山頭世世代代八百年來的精神領袖、是將來要利益無數眾生的佛門龍象。老師自己是如何成就佛學造詣的，就要依樣打造貢噶仁波切的佛學造詣，而且只能更高，只能更好。

一日二十四小時，老師不分晝夜看照著仁波切，實施嚴格的佛法教學，與行禮如儀的生活常規。在沒有老師一起生活之前的仁波切，是個寺廟裡的自由小僧，每天的團體課程之後，可以跟朋友一起到山林河邊玩耍，現在全然不行，連說話與儀態都被嚴格教訓。每天醒著的時間，僅有向老師告假如廁時，以及晚餐後老師洗碗時，可以略微放鬆。

仁波切的課業成績不如老師的期待，老師動輒體罰，隨手用長念珠抽打，或用物件扔擲，用拳打、用腳踢，或是搧巴掌。仁波切沒想到，自從被冠以貢噶仁波切的名號、忽然擁有一位貼身親教師之後，竟是這樣的日常。

仁波切曾經誠實地跟老師說：「佛法的體悟應該更勝於知識的學習，我對佛法體悟的掌握程度比知識吸收更好，實在不需花這麼多時間心力在讀書、背書與考試。」此番言辭聽在知識菁英的老師耳裡，全然是悖論，更是恨鐵不成鋼，唯有加重處罰，以洪荒之力企圖把這個學生逼上為學的正途。

除了課業壓力，仁波切還有生活上的壓力。因為他們都是孑然一身的窮僧侶，沒有家族的後援，也沒有贊助者的護持，每日只能等著寺裡發放的稀薄三餐，這讓正在發育的仁波切常常餓得發暈。每日下午三點鐘，午餐已消化，晚餐尚未來，師生倆只能把藏式麵片泡水，等待它漲成一碗沒有滋味的爛糨糊，兩人才分食裹腹。有一日，他們真的是一點錢也沒有了，老師遂將隨身的手錶──那是老師的哥哥送的、從家鄉戴著流亡印度，至今的唯一財產給典賣了，換得盧比一千五百元，可以買食物吃一個月。

老師經常埋怨仁波切的家窮，看著同寺其他轉世小仁波切家世顯赫，資源豐足，有錢買書，有錢買紙筆，有錢買食物，你的家族什麼都沒給，一窮二白，你還如此不思長進，說完又是一頓飽揍。仁波切心裡很難過，他想著遠在蓮花湖畔的父母，他們為了養活三個妹妹，已經日以繼夜地工作，哪有錢可以支援住在寺裡的自己呢？老師因為自己的課業不精而打罵，無話可說，但是辱及家人，實在讓他無能為力，倍覺痛心。

一日二十四小時來自老師的壓力，事事項項的否定與責備，讓仁波切感到前所未有的灰心。他想，如果我的這一世命該如此，假如就此了結，重新再來，是不是下一世會更好呢？又想，如果我真的是一位大師的轉世，那麼我有沒有任何特殊的能力，好讓老師知道，我的本質並非如此不堪呢？

跳樓吧，或許我能像鳥一樣自由飛翔。

一日之中，只有晚餐後，老師去洗碗的短暫時間可以執行這個想法。當晚，當老師飯後走出房間，仁波切立即跟門邊的小僧說：「你快去通知寺裡的醫師喇嘛，我要從窗戶跳出去了。」小僧侶登時腿軟，放聲哭了出來。

仁波切向佛菩薩祝禱：或許我可以顯現神通，或許沒有，但若再有來生，願我別再如此窮苦。禱畢，十四歲的少年仁波切將三樓高的窗戶推開，赤腳踩上窗臺，看著樹頂上的星夜，這一次，終於要為自己決定一回。門後的小僧嘶聲力竭地嚎啕大哭，但他只覺得輕鬆。往前一躍，身後裙襬擦過窗櫺的阻力，或許是此生最後的感受了。

他急速下墜。閉著眼，心裡狐疑，怎麼身體像是被虛空捧托，這麼久還沒落地？再來，他就沒有意識了。

智慧林寺一樓的僧人聽到聲響，尋獲倒地的貢噶仁波切，不禁放聲大叫，急切地呼喚幫手。一眾喇嘛抱著這個少年的身體，開車在夜裡的山路疾駛。車輪碾壓碎石的聲音蜿蜒不絕，車燈從這個山拗照亮下一個山拗，此明彼滅。

他們送仁波切到鄰近的拜傑納（Baijnath）醫院，醫生見狀不敢收治，遂轉往車程兩小時外的帕拉姆普爾（Palampur）醫院，沒想到院方依然不收，一行人只好再驅車兩小時，到更遠的達蘭薩拉（Dharamsala）醫院就診。仁波切在醫院的安排下住院三日，檢查結果居然沒事，身體分毫未損。

經此一事，智慧林寺的執事喇嘛准仁波切兩週的假期，讓他回蓮花湖的父母家休養。父母見到愛子如此委屈受苦，心碎了一地，但因為人微言輕，竟連抗議都不知如何表達，只能垂淚。兩週後，仁波切回寺，備受打罵與壓力的生活，依然如昔。

現在，我問仁波切對當年的這段歲月有什麼想法？仁波切說，這是他人生至今最辛苦的一段時間，比往後任何遭遇都還要辛苦，縱然如此，心裡是感恩的。因為回顧彼時，他不僅受了知識的教育，更主要的是，他認為此生所有困難與障礙，都在這些磨難中消除了，此後，再沒有任何事情使他懼怕，或是覺得困難。老師的種種對待，對仁波切來說，是因為自己過去的業力（Karma）使然，或道是佛菩薩的安排。就如噶舉派的祖師馬爾巴（Marpa），也是用不近人情的磨練對待弟子密勒日巴（Milarepa），清淨了密勒日巴深重的惡業，密勒日巴才得以在一生中開悟成道。

二〇一三年，四十四歲的噶瑪洛桑老師在智慧林寺的八蚌高級佛學院（Palpung Lungrig Jampal Ling），獲得大司徒仁波切授以堪布的榮銜，法號太橋旦曾（Tekchok Tendzin），現在常駐藏地，擔任四川貢噶山貢噶寺的住持，座下有許多藏漢僧俗弟子。近年老師的身體健康狀況不佳，反覆醫治，但成效不彰，故而向貢噶仁波切請益原由，以及可以修持什麼法門改善？仁波切回覆老師，你現在的病痛，是由於過去曾毆打我的業力使然，應該修持金剛薩埵的淨化業障法門。

老師一聞此語，便誠心地向仁波切道歉，請求仁波切的原諒。

第一雙手：記劉慈容的溫暖與幫助

仁波切跟我說：「一定要寫劉慈容。」

我是認識劉慈容的。二〇〇一年，我與她初次在北印度的智慧林寺見面。當年我十五歲，是在臺灣與貢噶仁波切相見之後，欣然同意仁波切的提議與邀請，放下臺灣的一切，隻身隨他回印度求學的時期；在智慧林寺的生活，山前山後，方圓數十里內，僅有我一個臺灣人。彼時通訊不便，凡有外人來寺拜訪，通常不會事前通知，唯有見了面，才知道彼此的消息，一旦別離，也不確定何時再見，一切隨緣來去。劉慈容就是在這樣的情況下翩然來到。

當日上午，我坐在仁波切的客廳裡溫習藏文，忽然聽到外側樓梯間的腳步聲，抬頭一看，一位長髮披肩的中年女子，抱著一隻白色的小狗，掀開了門簾，用華語呼喚仁波切。她身穿棉布裁製的衣裙，白色的上衣，褐色的裙子，很素雅乾淨。她問我：「你是從臺灣來的嗎？」我點點頭，並說是來學藏文的。她笑起來顯露出整齊潔白的牙齒，還有她的臺灣腔調，讓我倍感親切。

她帶了禮物來供養仁波切，還有仁波切在臺灣收養的一隻叫作卓瑪（Drolma）的馬爾濟斯犬。她把卓瑪放在地上，卓瑪立刻跑到仁波切的腳邊趴下，伸著舌頭喘氣，開心地擺尾。

劉慈容在智慧林寺暫住在舊的宿舍區，就是以前仁波切父母曾住過的那個窄小潮濕的地方。她領我去她的房間，一邊聊天，一邊教我怎麼用電湯匙煮高麗菜湯。她說：「你在這裡一定吃不習慣，這樣煮，加一點鹽，就有臺灣的味道了。」我在智慧林寺學習，每日的課業繁重，加上獨自在異國生活，心裡壓力很大，那幾日有劉慈容作伴，好像遇到了菩薩，我將心中累積的苦惱全跟她說，她總是笑笑地回覆：「順其自然，不用擔心。」

後來劉慈容離開智慧林寺，說是要去錫金隆德寺（Rumtek Monastry）拜見她的上師嘉察仁波切（國師嘉察巴，Goshir Gyaltsab Rinpoche），當她再次回到智慧林寺時，竟然已經剃度為尼。她說，出家要低調，所以事前不說。

一九九八年，劉慈容第一次到智慧林寺見到貢噶仁波切，當年的仁波切也是十五歲，正是生活最拮据的時候。起初她不是藏傳佛教的弟子，只因為想學藏文，在多方打聽之後，知道智慧林寺有一位會說中文的僧人，現任貢噶仁波切的親教師，名叫做噶瑪洛桑，便來跟著洛桑老師學習。她不認得在藏傳佛教中鼎鼎大名的智慧林寺住持大司徒仁波切，也不知道貢噶仁波切是何許人也，純粹是為了學習語言而來。

劉慈容首次拜見貢噶仁波切與洛桑老師時，分別奉上了供養。這是貢噶

前排右一是劉慈容，後排左一為阿尼卓噶，二〇〇〇年代。（阿尼卓噶提供）

仁波切此生拿到的第一份供養，意義非常。此後，劉慈容每天都來到仁波切與老師的房間學藏文，早上兩小時，下午兩小時；洛桑老師一邊指導仁波切的功課，一邊指導劉慈容的藏文。她發現，這師徒倆經常吃不飽、餓著肚子，於是她早上會帶來餅乾，下午則帶自己在宿舍煮的料理，為他們加菜。

洛桑老師極其嚴格，對這位遠道而來學藏文的臺灣女士也不假辭色，只要她發音不準確或是在考核時稍有遲鈍，就會受到兇狠的詈罵，好幾次，仁波切從側面看見劉慈容邊學邊掉眼淚。自然，劉慈容也看到了老師是如何鞭笞這位少年仁波切。仁波切對劉慈容的處境莫可奈何，但是劉慈容有能力，決定幫助仁波切。她純然是出於一份善心好意，希望給這位少年一些溫暖，為他騰挪一些資源；她當時還不知道，前一世貢噶仁波切在近代漢人世界中，是怎麼樣偉大的一個角色。

劉慈容趁洛桑老師不注意時，找到機會就用英文與仁波切交談，詢問他的生活狀況。仁波切當時的英語能力只能聽，無法說，對於劉慈容的提問，只能用點頭或搖頭回覆。瞭解了仁波切的處境後，她將供養金分成兩份，明面上的那一份供養仁波切後，旋即由老師代管，暗地裡的那一份——通常是金額較大的那一份，私下拿給仁波切作為生活花用。她還會找機會帶仁波切到附近的小鎮帕拉姆普爾，以及更遠的美麗山城達蘭薩拉遊玩。接著，劉慈容連年都到智慧林寺，每次都待超過半年，她在仁波切最困苦的時期雪中送炭，對他伸出了第一雙手。

劉慈容回到臺灣之後，才瞭解到這位貢噶仁波切的前世（第九世貢噶仁波切）是位大人物，是一九五〇年代之後，在臺灣弘傳藏傳佛教的諸位上師的上師[4]，於是，她開始協助聯絡第九世貢噶仁波切在臺灣的再傳弟子，讓當今第

4 詳見本書〈前世盛名〉之章。

十世的貢噶仁波切重新登上了歷史的舞臺。

我與劉慈容在印度相見的若干年後，於臺灣重逢，當時她罹患了乳癌，已經到末期。她披著藏紅的袈裟，端嚴但憔悴，縱然已經難以長談，但她依然慈祥詢問我的生活。她跟我說，她已經沒有力氣進行比較複雜的修法，遑論長時間的經文唸誦與禪坐，她每天的修行功課，僅剩為觀世音菩薩供水，以及唸誦南無觀世音菩薩的聖號。

二十餘年後的今日，我與貢噶仁波切聊起劉慈容的人生最末，我問仁波切，她停下了所有事先承諾的藏傳佛教日課沒做，最後只念「南無觀世音菩薩」，這樣可以嗎？

「當然可以。修法的重點就是慈悲心。而她就是觀世音菩薩。」

「我很想念她，如果她還在，現在就能夠教她佛法，照顧她。」

夕陽從窗戶照射進來，光束中，清晰可見細微的塵埃飄浮起落；一個方寸的虛空，竟有了宇宙星河的樣貌。我跟仁波切分別看向不同的地方，悄聲無語。

隨後仁波切開口，用堅定的語氣跟我說，希望我回臺灣能找到劉慈容的照片。

同時，仁波切用手指向他對面牆上的空白處，那堵牆與仁波切背後、全室最尊貴的端景、掛著法王照片的地方遙相對望，那是象徵第二尊貴的地方。

認證與坐床：記波卡仁波切

藏傳佛教中的轉世靈童被尋獲之後，尚不以前世的頭銜稱呼，直到教派中德高望重的大師為其公開舉行「坐床」儀式之後，才算正式繼承了前世的名號。坐床儀式會在寺院的大殿舉行，由住持上師坐在高座上主持儀式，靈童也會坐在特別布置的高座，僧眾依照規制唸誦儀軌，並向靈童獻上法器與供品，在場聚集了寺院中的僧人以及信眾，還有該轉世靈童前世的弟子一同觀禮。

貢噶仁波切的坐床儀式是在一九九九年舉行的，他時年十六歲，比較不同的是，他經歷了兩次坐床。第一次是在智慧林寺，由住持大司徒仁波切主持。

當年因為貢噶仁波切家窮，沒有資源置辦，所以規模很小，一切從簡，也僅有家人與寺裡的僧人參加。

第二次坐床發生在相隔幾個月後，在印度米麗（Mirik）的波卡寺（Bokar Ngedon Chokhor Ling Monastery），由國師嘉察仁波切與第二世波卡仁波切（2nd Bokar Rinpoche，1940-2004）主持。這一次的坐床儀式，主要是應波卡仁波切的請求而辦，因為他希望能為自己的恩師舉行一場盛大的坐床典禮。

第二世波卡仁波切是當代的大師，是噶瑪噶舉教派中的重要傳承者。他不僅是數間寺院的住持上師，也曾是噶瑪噶舉在印度的祖寺——隆德寺的三年閉關房的指導師，負責最重要的僧才培育。

何以時年五十六歲的第二世波卡仁波切，會稱呼年方十六的第十世貢噶仁波切為「恩師」呢？這是由於他們夙世的因緣而論的。

在上一個世紀的上半葉，上一世、第九世貢噶仁波切座下有一位傑出的出家弟子，名為噶瑪悉樂歐瑟（Karma Sherab Ozer），他的修行成就獲得上師的認可，並在第十五世大寶法王噶瑪巴的指示、以及第九世貢噶仁波切的同意之下，前往藏地阿里地區（Ngari）傳法，獲得當地廣大信眾的愛戴。噶瑪悉樂歐瑟，就是第一世的波卡仁波切。

第二次轉世再來的波卡仁波切，被十六世大寶法王噶瑪巴認證之後，由法王以及第一世卡盧仁波切悉心指導養成，終成為當代的偉大上師。他感念前世的貢噶仁波切引導前世的自己開悟成就，所以現在依然稱其為恩師。在這個因緣下，第二世波卡仁波切，要用他的威望與資源，為他上師的轉世者——第十世貢噶仁波切，舉行盛大的坐床典禮。

這一回在波卡寺舉行的坐床典禮，所有的開銷花費，都由波卡仁波切承擔，他甚至訂製了純金銀的法器要供養貢噶仁波切。法會由國師嘉察仁波切主持，並且由波卡仁波切親自為貢噶仁波切獻供，舉凡金剛鈴杵、手鼓、八吉

貢噶仁波切與堪布東由仁波切帶領第三世波卡仁波切玩投籃機，二〇一五年。（仁波切提供）

祥、七政寶，與藏傳佛教傳統的身、語、意、功德、事業供養物，都由波卡仁波切手持絲綢捧托，一一上呈貢噶仁波切。

這一場坐床典禮之盛大，還有來自臺灣的前世貢噶仁波切的再傳弟子三十餘人前來觀禮[5]，這也是當今貢噶仁波切第一次見到自己前世的徒孫。在典禮上，國師嘉察仁波切以半小時的時間，講述了前世貢噶仁波切的弘法事業。至此，第十世貢噶仁波切，終於正式承襲前世的名號，並且得以這個身分弘揚佛法。

坐床典禮之後，貢噶仁波切向波卡仁波切請求傳授噶舉派的根本大法——大手印（Mahamudra）禪修。這個法門是歷代噶舉的修行者開悟成就的根本要訣，第二世波卡仁波切正是此法的成就者與持有者。

波卡仁波切非常歡喜，每一日早晨，就在自己房間裡，一對一傳授貢噶仁波切大手印的口訣與實際修持。一步步帶領，一項項檢視，每一個禪修的段落間，波卡仁波切總是慈愛地垂詢：「『心』是否清楚？是否明白？」，波卡仁波切就這樣仔細地傳授了一個月。貢噶仁波切此生最完整的大手印傳承，得自波卡仁波切——前世的弟子，此生的上師。貢噶仁波切說，波卡仁波切是很好的上師，在他的指導之後，他得以「看見自己的心」。

藏傳佛教中的上師與弟子的關係，不僅是一生的傳道授業，而是生生世世的關係。第二世波卡仁波切以自己當世卓越的修為成就，依然恭敬前世上師的轉世——縱然他看起來只是一位十六歲、籍籍無名的窮少年。然而，眾生看到表象，菩薩則看到本質，所以波卡仁波切以最好的榮耀貢獻於上師，並以最好的修持訣竅回饋於上師，體現了真正的尊師重道，這是他在紅塵說法的一份真誠之心，這份為了利益眾生而互為恩情的關係，令貢噶仁波切至今感念。

5 劉慈容引介臺灣貢噶精舍的弟子眾與第十世貢噶仁波切結緣。

第二世波卡仁波切於西元二〇〇四年八月十七日圓寂，一代高僧的肉身殞落，此後數年，毫無轉世的音訊。無論波卡寺的僧眾多麼殷殷期盼，就是苦無辦法，他們幾度晉見法王，請求法王的指示，但因緣尚未成熟，法王沒有給予任何轉世靈童的資訊。

二〇一四年一月，噶瑪噶舉派在印度菩提迦耶舉行年度規模最大的祈願法會，貢噶仁波切擔任協辦上師。當貢噶仁波切見到了來自波卡寺的堪布時，問及波卡仁波切的轉世狀況。堪布回覆，此事已經向法王祈請多年未果，現在不敢再去打擾法王了。仁波切說：「由我來請求吧！」隔天，貢噶仁波切帶領波卡寺的堪布與僧人，一同拜見法王，並殷切地祈請，說明波卡寺的僧俗弟子渴慕上師再來，不僅是心意的期盼，同時寺院也有許多事務需要處理，懇請法王賜知波卡仁波切轉世的資訊。法王終於點頭應允。

數日後在一場公開的法會，法王在座上禪修入定。時間流過良久，忽然，法王出定，隨即請隨侍喇嘛拿來紙筆，快速寫下一段文字，並請波卡寺的老堪布上前，將此信箋當眾交付。這就是第三世波卡仁波切轉世靈童的轉世信函。

隔日，貢噶仁波切與波卡寺的執事喇嘛們一起閱讀法王的信箋，得知轉世靈童現在就在錫金，約定七日後一同前往尋找。他們按照法王的指示搜尋，遇到可能的機會，便逐一確認孩童的父母親姓名，還有孩子出生時的狀況。當貢噶仁波切見到第一個符合法王預言的孩子時，與他相視，強烈的感覺油然而生。這是一種直覺，是穿越時空，非經思考而來的直覺：「他就是波卡仁波切！」隨後又尋訪幾位可能符合資格的小孩，彙整資訊後，向駐錫德里的法王報告。

隔年，在印度菩提迦耶，同樣是在年度的祈願法會時，法王尚未正式給出答覆，請波卡寺的僧團再次前往錫金確認。法會之後，法王確認了，去年第一位找到的孩子，即是波卡仁波切的轉世靈童。二〇一五年一月二十一日，法王正式認證第三世波卡仁波切，並為其舉行皈依賜名的儀式。

幼小的第三世波卡仁波切身穿金黃色的藏服，腰繫橘紅色的綁帶，他有童稚的笑容，卻也有超齡沉穩的眼神。他就是前一年貢噶仁波切在錫金村莊裡，第一位見到的孩童。彼此不用言語也可以交流，那是曾經以心印心的默契；前世的弟子，今生的上師，圓寂十年之後，他換了一個孩童的樣子，再次微笑而來。

貢噶仁波切與大寶法王，二〇〇〇年代。
（仁波切提供）

第二章

名人和尚少年郎

前世盛名

第十世貢噶仁波切在一九九九年坐床之後，消息傳開，遠在藏區貢噶山的僧俗弟子，無不殷殷期盼著上師回寺。

仁波切與洛桑老師申請到了簽證，從印度智慧林寺搭十二個小時的車，到新德里國際機場搭機。他們取道香港，再飛成都，接著乘車接往康定，最後才上貢噶山，這趟路需要數日的時間。當年通聯不便，貢噶山上及周邊附屬寺廟群的弟子——遍布了幾個山頭的數千人馬，雖然不曉得上師確切抵達的時間，但在聽聞消息後，隨即日夜兼程地騎馬趕往貢噶寺集合，盼能親自迎接。

他們點燃煙供，手持絲綢卡達站在路邊，一日等過一日，到第三日，仁波切終於到了。幾千人擁戴隨行，他們不斷向空中拋灑五彩的風馬紙片，向仁波切坐車投擲卡達，馬鳴與人聲綿延十里不絕，盛況空前。許多前世仁波切的老弟子都流下眼淚，直說：「能親見上師轉世再來，我死而無憾。」

前一世、第九世的貢噶仁波切，深受藏民愛戴，更謂世界現代史上的藏傳佛法弘揚者先驅、藏漢文化交流的巨擘。第九世貢噶仁波切主要活躍於一九三〇到一九五〇年代，生平橫跨三個政權，是公認的佛法大師、藏學家、詩人。如今的藏傳佛教，尤其是噶瑪噶舉派（白教），得以在漢人世界普傳，第九世貢噶仁波切及其派下弟子與再傳弟子，是極重要的力量。

第九世貢噶仁波切生於一八九三年的藏區康定，由第十五世大寶法王噶瑪巴認證，並於四歲坐床。他十八歲時前往德格的八蚌寺求學，二十二歲完成傳統三年三個月閉關。主要師承於第十五世法王，以及第十一世大司徒仁波切。

他在二十六歲時擔任八蚌寺堪布與密宗院的金剛上師，三十九歲時擔任第十六世法王的親教師。

一九三五年，第九世貢噶仁波切時年四十三歲，這一年，發生了一個劃時代的轉折——時任國民政府立法委員的諾那仁波切（諾那活佛、諾那呼圖克圖，Norlha Rinpoche）邀請貢噶仁波切到漢地弘法，自此在漢人世界導入藏傳佛法的洪流。往後的十年間，許多政商名人皈依在仁波切座下，諸如李宗仁、于右任與陳立夫等。一九四六年，仁波切獲國民政府尊為「輔教廣覺禪師」，國民政府主席蔣介石親題「輔教廣覺禪師貢噶呼圖克圖」條幅贈與仁波切。

時代更迭，到了一九五三年，第九世貢噶仁波切六十一歲，被新任的中央政府聘請到北京中央民族學院擔任教授。仁波切六十四歲時，回到藏區八蚌寺，擔任新一代、年甫四歲的第十二世（當今）大司徒仁波切的童蒙教師。隔年，一九五七年，第九世貢噶仁波切於六十五歲時，圓寂於藏區貢噶寺。

前世第九世貢噶仁波切與第十六世大寶法王合影，一九五三年。（仁波切提供）

第九世貢噶仁波切在佛法的傳承上，有承先啟後的重要地位。他所直接指導的高徒，包括噶瑪噶舉派第十六世法王噶瑪巴、薩迦派（Sakya）的法王達欽仁波切（Jigdal Dagchen Sakya Rinpoche）、寧瑪派在西方世界開先河的南開諾布仁波切（Namkhai Norbu Rinpoche），以及後來在臺灣開枝散葉的貢噶老人[6]、李炳南居士，以及在美國多所大學執教、《密勒日巴大師全集》的譯者張澄基教授以及陳建民居士等，都是當代極具影響力的上師與佛法傳播者，富有促進漢藏乃至世界佛法交流的時代意義。

第十世貢噶仁波切於一九八三年轉世再來，並於印度智慧林寺成長受教。原本他不為漢人世界所知，適逢劉慈容[7]在一九九八年左右，將他的消息傳回臺灣，串接第九世仁波切在臺灣的再傳弟子，使之相認，自此，終於將前世影響漢人世界甚巨的貢噶仁波切，再次帶回了漢人的視野。

場景回到一九九九年。年方十六歲的第十世貢噶仁波切回到了貢噶山，他從新貢噶寺上馬，騎乘一日後，抵達上一世貢噶仁波切曾駐錫的老貢噶寺。仁波切看著破舊的一切，竟覺得非常熟悉。

回到新貢噶寺，前一世仁波切的侍者——青年時隨侍仁波切直至圓寂、如今已垂垂老矣的喇嘛拿旺諾布（Ngawang Norbu）安排當今的仁波切住在左邊日照充足的廂房。當仁波切結束此行，臨別前，特別交代拿旺諾布一件事。

「下次我來的時候，請給我住右邊的房間。」

老邁的拿旺諾布一聽到仁波切這麼說，當下眼淚急迸而出。他獨自哭泣了

6 貢噶老人（一九〇三—一九九七），女性，滿清皇室後裔，俗名申書文，於一九四〇年代追隨第九世貢噶仁波切學習佛法，並在雪山上閉關三年三個月，修得成就，蒙上師貢噶仁波切親賜道號「貢噶老人」。她於一九五八年來臺，一九五九年成立臺北貢噶精舍，弘揚藏傳佛法。一九八〇年依止第十六世大寶法王出家，法名噶瑪頓臻朗嘉（Karma Tendzin Namgyal）。一九九七年圓寂，肉身不壞，今供奉於中和貢噶精舍一樓祖師殿。貢噶老人在臺灣的弟子眾多，其弘法事業與相關著作，在臺灣早期藏傳佛教發展影響深遠。

7 詳見本書〈第一雙手：記劉慈容的溫暖與幫助〉之章。

兩刻鐘，才涕泗縱橫地敬覆道：

「是的，上師。」

「右邊那間，就是您前世的房間啊！」

我不喜歡讀書

仁波切向來都很誠實，他說：「我不喜歡讀書。」這句話在現代普遍追求學歷的社會裡，似乎有些突兀，尤其像他這樣身分的人物，不太會直接表露與主流相反的意見。

說是不喜歡讀書，仁波切還是受了高等佛學院的教育。在青少年時期，他開始了高級佛學院的課程。舊制的智慧林高級佛學院要讀七年，前五年包括藏傳佛法的核心知識——五明，內容包括梵文與藏文的語言及文法（聲明），邏輯與辯證（因明），生理與藏醫知識（醫方明），藝術與技術（工巧明），佛學教義與修行實踐（內明），後兩年是學密宗的續典。

當年高級佛學院的學生，都在清晨四點起床，五點參加大眾的早課唸誦；吃過早餐後，上午有兩堂課，共兩小時；午休過後，下午還有一堂一小時的課，然後由助教帶領大家辯經，直到晚上十點就寢。辯經是藏傳佛教中獨有的一種修學方式，辯論雙方需以邏輯與辯證方法，切磋所學的課題。辯經時，質問者常伴隨著拍掌與邁步，極有氣勢。在智慧林寺的佛學院裡，常常有學生僧侶辯經到凌晨方休。

仁波切的作息步調大致與佛學院的學生一致，但到下午，就回到房間，接受洛桑老師的個別指導。

他跟著大家一起聽課，但不太喜歡讀書，他認為不需要研讀這麼精深的知識。少年時的仁波切有個體悟：佛陀所說的一切法門，就是為了讓眾生瞭解輪迴世間的痛苦，以及闡明解脫的方法。如果已經瞭解方法，也深刻認知無常與

喇嘛指導孩子們穿僧裙。（攝影／林彥廷）

空性，那就不需要讀這麼多書，更應該將力氣花在修行上。

他曾將這個心得向大司徒仁波切報告，大司徒仁波切只是笑笑地回覆：「你還年輕，應該要先跟著佛學院學習。」他也曾跟自己的隨侍教授洛桑老師說過這個想法，但只換得洛桑老師的嚴厲教訓。

根據佛教的傳統，每年的雨季時，寺院會安排約莫一個多月的閉關，稱為「結夏安居」。僧侶在這段時間裡，會在寺廟裡精進研讀或修持佛法，並在結夏安居結束時舉行圓滿法會。大概是在二〇〇〇年、十七歲的仁波切被安排在結夏安居的圓滿法會上給全寺的僧眾一場演講。

有幾位老喇嘛不看好這位「不喜歡讀書」的貢噶仁波切，認為這場演講的價值應該不高。仁波切沒有理會這種耳語，但他確實也沒有像過去的演講者那般博覽群書、勤背經典。他想要用自己的方法講經。仁波切認為，講論佛法必需要從自己的體悟出發，光是按照文獻去照本宣科是沒有力量的。演講當天，仁波切登上法座，宣講了釋迦摩尼佛的生平故事以及十二因緣。他用獨特的方式，結合了自己的感動體悟而說。他生動地講述了佛陀的一生，以及佛陀修道證悟時，對於緣起法則的體悟——十二因緣正是緣起法的具體展現，闡明了生命反覆流轉與解脫的因果關係。

這場演講很成功，幾位原本不看好仁波切學識的老喇嘛，甚至聽到感動落淚。他們生起慚愧心，去向洛桑老師讚嘆貢噶仁波切的說法如此動人。

現在擔任尼泊爾貢噶寺的教授——堪布嘉措（Khenpo Gyatso），當年是從智慧林佛學院取得堪布（博士）學位畢業的，他的就讀時間略晚於貢噶仁波切。我向他打聽，以前是否曾聽過仁波切「不喜歡讀書」的傳聞？

他說是的，他在二〇〇七年進入智慧林寺的高級佛學院讀書時，就聽過這個傳聞，伴隨著這個傳聞的故事結局，就是這場仁波切在結夏安居圓滿法會上的精彩演講。堪布說，當年仁波切講得很好，讓大家印象深刻。而且他也聽過學院裡的老堪布教授們、以及密宗院的資深領誦法師稱讚貢噶仁波切聰慧，什麼事情只需教一次就學會。

仁波切的高級佛學院僅讀了五年，還差兩年的課程才畢業，但大司徒仁波切認為貢噶仁波切已經學得足夠，於是在二〇〇一年底指示貢噶仁波切進入傳統三年三個月的閉關。

漢傳佛教中的禪宗六祖惠能大師，以「不立文字，直指人心」的頓悟法門為後人所知。惠能大師自幼家貧，以賣柴為生，不識文字，但能聽聞經句而了悟真義，從他的例子可見，知識的累積不一定是通往證悟的道路，實踐實修佛法才是。

現在與仁波切談起教育，他認為學校與學歷都是人為的制度，無所謂好壞，但若是學生在其中因為競爭而煩惱，或是學校為了經營績效而忽略了學生的需求與遭受到的痛苦，終不是正途。他又說，現代的社會，盲目地追求物質與金錢，只會越追越遠，迷失了方向；我們應該要努力找尋的，是內在的安樂富足。

大寶法王噶瑪巴

一九九九年，貢噶仁波切到藏區貢噶寺巡視之後，與洛桑老師下山返回成都，轉搭飛機前往拉薩朝聖。到了拉薩，再向西走，到達楚布河谷，他們準備去朝禮噶瑪噶舉傳承弟子的精神原鄉——由噶瑪噶舉派開山祖師、第一世大寶法王度松虔巴在西元十二世紀建立的楚布寺（Tsurphu Monastery）。

這是身為噶瑪噶舉上師的貢噶仁波切第一次回到了歷史傳承中的聖地。楚布寺的首座上師、傳承持有者、精神領袖、大寶法王噶瑪巴，如今已經轉世再來第十六回，成為第十七世法王。他比仁波切小兩歲，一九八五年出生，名字是鄔金欽列多傑（Ogyen Trinley Dorje）。

上一世的貢噶仁波切是上一世法王的上師，因緣際會，兩人再次轉世而來，一位生在印度，一位生在藏地，年齡相若。他們在這個特別神聖的歷史空間裡相遇，是初見，也是重逢。這是一次歷史性的會面，兩位少年可曾知道，他們將很快再見。

仁波切結束藏區朝聖之旅後，回抵印度新德里，隔日的新聞大事，即是第十七世大寶法王翻山越嶺，風塵僕僕地到了印度達蘭沙拉。

此後法王常駐達蘭沙拉的上密院（Gyuto Monastery）繼續接受佛法教育以及接見海外信眾。法王經常請貢噶仁波切前往上密院，一同接受資深的上師傳法灌頂，也一起讀書學習。他們在這裡接受了桑傑年巴仁波切（Sangye Nyenpa Rinpoche）的重要口傳[8]，也接受嘉察仁波切與大司徒仁波切的灌頂，還有第

8 口傳，藏傳佛法的重要傳承儀式，通常由傳授者口誦經文或是咒語給被傳授者聆聽，象徵此經文或咒語經由口授耳聆的方式傳承下去。

二世波卡仁波切的佛法課程。仁波切說，從二〇〇〇年起，到二〇〇一年底他進入三年閉關為止，經常隨侍法王。當仁波切在二〇〇五年藏曆新年圓滿三年閉關之後，直到二〇〇九年卸任智慧林寺金剛上師一職的這段時間，他們也經常在一起學習。仁波切還記得，當年出關後一天，隨同大司徒仁波切前往拜見法王時，法王對他說：「你終於出來了，我等了三年多啊！」

仁波切回憶，法王極為敬重前來傳法的前輩上師們，令人印象深刻。而且法王的智慧之高，當前輩上師來傳法之後，法王幾乎不用複習，就可以貫通課程內容，不論是顯宗經典的理解或密宗續部的修持，都通達無礙。仁波切認為，這是凡俗人不可能做到的事情，法王就像智慧第一的文殊菩薩。那些古老的哲學與論述，對法王而言，不似新學，反倒像是他既有的記憶，經由前輩上師的講述而被喚醒。

他們一起學習時，也有些有趣的回憶。法王在課餘時間習畫，仁波切便請

大寶法王與大司徒仁波切繪製的貢噶傳承 LOGO。（仁波切提供）

求法王繪製一幅貢噶傳承的圖樣賜贈。仁波切的名號「貢噶」是藏語音譯，譯意是雪山。所以法王先畫了一座雪山，象徵仁波切；山的上方有太陽，象徵噶瑪噶舉傳承；太陽周邊有火焰，代表教法興盛；再用意象化的藏文書寫「貢噶」二字。現在貢噶寺正式使用的貢噶傳承圖樣，就是以法王賜贈的墨寶為底圖，再由大司徒仁波切在太陽中加繪一隻獅子而成。獅子在此象徵噶舉祖師馬爾巴大師，也有獸中之王的勇猛意義。

法王作畫時，仁波切偶爾也擔任模特兒，像是一張流傳甚廣、法王所繪的蓮花生大士法相可能就是參酌仁波切的神韻而作。仁波切打趣地說，就算他如今已經不再穿著僧服，還是有人會說他的面容像是佛菩薩，這時候他就會回答：「我不是菩薩，我只是人間裡的一個頑皮男生！」

談起法王，仁波切說：「我沒有見過像他那樣好的人，他是一個最有慈悲心的人。」

當仁波切隨侍在法王身邊時，從沒有見過法王罵人，也不曾聽聞法王談論他人是非；法王立身處事原則是——絕不傷害他人。在一起做事的時候，法王總是將他人的事情優先於自己的事情，也關懷他人的心理狀態。

雖然仁波切沒看過法王生氣，但是看過他掉淚。那是某一年桑傑年巴仁波切公開傳授大藏經口傳的法會之後，法王想用糌粑遊戲，但被老喇嘛嚴厲制止。法王回頭獨處時，因此落淚。仁波切目睹這一幕，覺得這是個徵兆，感嘆道，法王無法貫徹他的意志，將來事業難免有些障礙。

「許多人將法王看成超凡入聖的佛，而且在密續修持裡也指出，修行人必須『視師如佛』，仁波切會怎麼看？」

「我對他在佛法上的信心不動搖，但是我也相信他會有人性的一面。」

「如果有一天他也還俗結婚呢？跟你一樣。」

「一樣沒有分別，他就是上師。如果他有一天決定娶妻，那也是上師的決定，我不會非議。我對他的信心不變，不因外在的條件而改變。」

「一個有『人身』的上師，一樣會吃飯喝水，但因為他的心是純然的慈悲，所以他的言行舉止，也是經由慈悲而驅動，因此我不會用凡俗的眼光看待。」

「其實，如果讓我來描寫他，我不會想要把他說成跟一尊佛像一樣完美的『法王』。他是一位用人身在輪迴裡度眾生的上師，一位名字是烏金聽列多傑的『人』。」仁波切這麼告訴我。

賣佛

隨著貢噶仁波切從少年走向青年，這位智慧林寺裡的轉世僧人，名號逐漸為世人所知。二〇〇一年，十八歲的仁波切，由洛桑老師的陪同下，進行首次的亞洲巡迴弘法，造訪臺灣、新加坡、香港等地。這一次，是多數漢人弟子及再傳弟子[9]首次見到第十世貢噶仁波切的契機，這也是仁波切第一次面臨藏僧

9 前一世、第九世貢噶仁波切的許多弟子學成之後，繼續在其他國家傳法，諸如臺灣的貢噶老人、美國的陳建民、新加坡的陳漢隆等上師。他們在各地所指導的新一代弟子，即是貢噶仁波切法脈的再傳弟子。

弘法的文化衝擊。

比起印度智慧林寺的生活，在海外弘法的經驗非常特別，在商貿繁榮的現代化社會中，就連佛法中心的經營原則都與傳統藏傳佛寺大相徑庭。仁波切第一次看見法會上的牌位明碼標價，真是驚訝極了！有些道場的主辦方，明確公布為一位亡者超度要價多少，為一位在世者祈福要價多少，滿牆貼著生者與亡者牌位，都是信眾用等值的款項，殷殷期盼兌換上師的祝福，甚至連參加法會都可能需要售票入場，這是仁波切前所未有的經驗。

在傳統藏人的社會裡，信徒若有親友往生，想請上師為之超度，當然會隨力置辦，以供養三寶[10]。這樣的供養邏輯，是以捐捨資財的大愛，幫往生者積福修善，不是以對價關係提供上師修法的酬勞，所以不可能有明確標價；就算信徒貧困，上師為他們修法祈福，也不會索要分毫，法會更是不可能售票入場。十八歲的仁波切初訪亞洲各國，每一處的法會都可以見到這樣的銷售風氣，這種「賣佛」的氣氛，讓他相當不適應。

在香港弘法時，有一個佛法中心為仁波切舉辦募款餐會。餐會是在高級飯店舉行，參加者需要購票入席。在這場精緻的饗宴中，仁波切、洛桑老師，與幾位主要的贊助人坐在主桌，其他各桌依次開展。仁波切的聲名大，慕名而來的人很多，幾百個位子，座無虛席。

仁波切一向不喜說話，在這種熱鬧場面，他更顯得低調。他低頭用餐，吃得不多，偶而抬頭看望來賓。主辦方的主持尼師很盡責，握著麥克風向與會大眾介紹仁波切與智慧林寺，並說明今晚餐會的義賣募款項目。

用餐中，仁波切忽然發現，一旁的工作人員用黑絨布托盤裝著一條念珠上

10 三寶即是「佛、法、僧」。佛陀是指導如何解脫的導師，佛法是解脫的道路，僧伽是解脫道路上的良師益友。皈依三寶並依教奉行之後，即是佛弟子。

臺，現場的投射燈照得念珠發亮，主持的尼師殷勤地介紹材質與來歷，然後隨人喊價，價高者得。接著他們又端出一套金剛鈴與金剛杵，依序進行拍賣。

到了拍賣的高潮，工作人員端著一尊文殊師利菩薩佛像走上臺，由尼師仔細介紹這尊佛像如何的精工細作，以及佛像內裝了什麼聖物等。這是今晚最寶貴的拍賣品。有經濟條件的弟子或是收藏家們都摩拳擦掌，等著喊價，無意競標的來賓，也都在旁熱烈觀摩。

這時，坐在主位的仁波切忽然喊停。

「佛不能賣。」

「我皈依佛，再窮都不可以賣佛。」

「就像我如果窮到沒飯吃，也不會把我的父母賣掉一樣。」

仁波切整個晚上，就只說這麼三句話。

尼師請工作人員收回佛像，餐會繼續，但終止所有拍賣行動。會後，有一位藏人喇嘛獨自前來跟仁波切請安，他感恩仁波切，並說：「真高興噶舉傳承裡，還有您這樣的上師，有膽識，願意說真話。」

回憶往事，貢噶仁波切跟我說，這個遏止賣佛風氣原則的啟發，也得自於他的上師桑傑年巴仁波切。

一九六四年生的第十世年巴仁波切，是當今的藏傳佛教的大師之一，他的身材高大魁梧，聲音低沉宏亮，精通密法修持與經典論著，師承十六世大寶法王，以及頂果欽哲法王（Dilgo Khyentse Rinpoche）。

年巴仁波切是舉世公認的大德，不論是在何處講經傳法，都有數千人慕名而去，而法會上所有弟子的供養，他都不會帶走，就留在傳法的那間寺廟，資助他們。有的人讚揚他清高，視錢財如糞土。但年巴仁波切不這麼認為。貢噶仁波切轉述年巴仁波切的話：

「錢財很有幫助，我也需要錢，日常生活裡，喝一杯咖啡也要錢，但是講經傳法的錢不可以收。我幼時家貧，沒有錢供養上師，我的上師十六世大寶法王與頂果欽哲法王，依然無私地教養我、傳授我佛法。如果我現在以此牟利，對不起他們。」

貢噶仁波切說：「所有佛法，不論是哪一個宗派，都來自於釋迦摩尼佛。佛陀慈悲為了救度眾生而說法，他沒有收錢，他底下的弟子怎麼可以用他傳授的佛法收錢？這樣做是不對的，大大的不對，很糟糕的不對，這樣做的上師與執事人員，都是會下地獄的。」

「那些賣票的傳法，不能去。」

「去了會怎樣？有罪嗎？」

「沒有罪，但用做生意的方式學佛法，沒有效。佛法不該是這樣的。」

「但是場地與物資都要花錢。如果宣稱賣票的錢是用在這些呢？」

「沒有錢的話，為什麼要辦那麼大？傳法不一定要錢啊。如果弟子們自己準備好場地，請上師來對大家傳法，這樣比較好。」

「真正的上師是在自己的心中，不是在外在的那個人身的上師。蓮師說過：『誰憶念我，我就在那個人的家門口』不是一定要買票進場，才能得到加持。我是佛弟子，但是我沒有參加過佛陀的法會啊，他的手也不曾放在我的頭頂上為我加持啊，但這都不影響我的修行。」

仁波切向我說明，如果一位上師，總是算計著要如何增加弟子人數、擴大法會規模、拓展弘法版圖，那是把佛法當成商業在經營，不應該這麼做。至少他個人不願意這麼做。資源多，固然可以將事業做大，但沒有資源，也可以把事情做小、做好；他說，他一輩子只收十個弟子也可以，但他絕對不以商業模式操辦弘法利生的事。

這個原則，肇因於十八歲時的文化衝擊，奉行至今。

閉關、歷練，與單飛

「以前我沒有想過要閉三年三個月的關，是大司徒仁波切指示的。他也希望洛桑老師一起閉關。」

「但洛桑老師擔心在藏地的媽媽，於是請大寶法王卜卦。法王看著卦相說，如果老師閉關的話，會見不到媽媽最後一面。」

「他決定回去藏地見媽媽。果然，他的媽媽一年後往生了。」

二〇〇一年底，貢噶仁波切隨恩師大司徒仁波切的指示，進入智慧林寺的傳統三年三個月零三天的關房，進行嚴格而密集的修持。貼身指導、傳授佛法知識的洛桑老師，自此與仁波切分道而去，這也意味著三年閉關是仁波切在智慧林寺的佛法養成中最後一個環節。

藏傳佛教的三年閉關是極為嚴格的，這是數百年前的祖師，為了讓修行者完全停下世俗生活，全心全意投入佛法修行而設計的制度。三年三個月的關期中，閉關者的行動範圍被限制在一棟建築物裡，與外界斷絕聯繫。每一日，從凌晨到入夜，幾乎全部的時間都必須投入禪修，關期中沒有假日。每個閉關者都有一個小房間，房間內有一個簡易的佛壇與座位，座位是一個足以盤坐的箱子，所有的唸誦與禪修，還有每晚不得倒臥的睡眠，都在箱子中完成。閉關期間禁語六個月以上，這是為了徹底停下任何擾心的外力，甚至連與修行無關的沐浴修容也被禁止。

仁波切這一期的閉關者，共有十三位僧人，其中的多傑旺秋（Dorje Wangchuk），與欽列歐瑟（Trinle Ozer）是藏區貢噶山來印度智慧林寺求學的藏

貢噶仁波切三年閉關圓滿前夕，二〇〇五年。（噶瑪悉樂提供）

貢噶仁波切三年閉關圓滿出關當日，二〇〇五年。（噶瑪悉樂提供）

僧、也是仁波切的侍者。雖然有侍者一同閉關，但仁波切在閉關中沒有任何特殊待遇，跟大家吃一樣的伙食，而且凡是製作修法要用的多瑪[11]、洗衣服、掃廁所等，都必須親力親為。仁波切特別認為掃廁所是很好的鍛鍊與修行。

「喇嘛們都覺得閉關很不自由，但我覺得閉關是最自由的時候。因為洛桑老師不在身旁，又可以整天全心禪修。」仁波切打趣地這麼說。

三年閉關中，仁波切對噶舉傳承中最核心、可一生開悟的禪法「大手印」有很深刻的體會。貢噶仁波切的大手印傳承，得自第二世波卡仁波切與第十二世大司徒仁波切，尤其大司徒仁波切是智慧林寺的住持，經常就近面授機宜。

仁波切說，大手印就是自心，修持大手印，即是去認得自心。不認得自心之前，平時的思考與言行，都是隨著習慣而走，而習慣又都來自三毒貪嗔癡，三毒的根源就是我執（ego）。認得自心之後，也就認得了三毒，就不再跟著它們走了，同時，也就明白了以往的所有悲歡苦樂，無非如夢幻泡影一般[12]。

二〇〇五年二月，藏曆的一月初一，仁波切即將圓滿三年三個月的閉關，各國弟子紛紛來到智慧林寺迎接仁波切。出關前夕，大司徒仁波切剪下了一些貢噶仁波切蓄了三年的長髮保存，其餘的長髮由仁波切自行剪下。隔年上貢噶山時，若有藏民放生十頭牛，就贈與一根。

圓滿出關之後，貢噶仁波切在智慧林寺的佛法修持與訓練已然大備。在圓滿出關當日，隨信眾的請求，仁波切給予僧俗大眾阿彌陀佛灌頂。大司徒仁波切請貢噶仁波切擔任智慧林寺接下來三年的「金剛上師」[13]一職。而後再延一年，於是仁波切總共擔任了智慧林寺四年的金剛上師。

---

11 藏傳佛教中的儀式供品，用炒熟的糌粑粉揉成麵團，型塑成特定形狀，加以彩色的酥油雕花而成。

12 關於貢噶仁波切對大手印的修持與體悟，請見本書〈禪修才能成佛〉之章。

13 金剛上師，藏音為「多傑洛本」（Dorje Lopbon），亦即「金剛阿闍梨」，是密宗的傳法上師。

在這麼重要且具規模的智慧林寺擔任金剛上師，實是非同小可。他需要負責主持全寺整年的大小儀軌與各式法會，且肩負對僧眾與各國弟子傳法灌頂的責任。約莫兩個月一次的大型法會，都是超過十日的規模，許多大法會之前，金剛上師必須自己閉關一週。從佛法的角度來說，由誰擔任金剛上師，決定了這場法會的成就高下，從世俗的角度來說，金剛上師也像是整個法會的總經理。傳授密續佛法的密宗院是智慧林寺最高的機構，金剛上師又是密宗院的領袖，所以智慧林寺的金剛上師，幾乎是帶動全寺的所有事務的領頭羊。

「仁波切擔任智慧林寺金剛上師的那幾年，寺裡的運作到達了前所未見的巔峰。大司徒仁波切連續多年的五寶藏大灌頂法會，也是在那時舉辦。智慧林寺從來沒有這麼多人來求法過。」諳中文的堪布嘉措這麼形容。

這些成就，難道是仁波切法力高強，或者他是天生的經營管理者嗎？或許是，但我更傾向這樣的解讀：貢噶仁波切本著他的真誠與慈悲，明事理且處事圓融，又有實際修行的經驗能夠服眾，致使全寺上下凝聚向心力，而有這樣的成果。四年的智慧林寺金剛上師經驗，證明貢噶仁波切完成歷練，真正成為堪任一寺之主。

在剛開始擔任金剛上師一職時，大司徒仁波切曾經詢問貢噶仁波切：「智慧林寺需要一所可容納五百人的僧伽小學，你願意幫忙嗎？」貢噶仁波切立刻允諾，承擔下來。二〇〇五年往後的十年間，仁波切為此努力，完成了僧伽學校的興健工程。以往的學僧都是混齡上課，此後可以更精確地分齡受教。僧伽學校專司八到十五歲的學僧基礎教育，十五歲以後的僧人，再按志願，前往專修法事儀軌或就讀高等佛學院。

當仁波切完成了在智慧林寺的責任與義務之後，此時的他，不立計畫，不再募款，不希望弟子們如此辛苦。他想，往後的一切，順隨因緣流轉，不論資源豐足或寡少，那怕天地間僅有他一人，自此江湖單飛，隨緣度眾。

捲入風暴

有一則在印度朝聖時發生的往事，我至今餘悸猶存。

二〇一四年秋天，我跟攝影師彥廷從各自的學校畢業後，相約到印度朝聖。我們在新德里拜見了貢噶仁波切、法王噶瑪巴，也去到了十二小時車程之外的智慧林寺，以及藏人聚落達蘭沙拉，在數週旅程的最後，我們回到了新德里的藏人村（Majnukatilla／New Aruna Nagar Colony）。一日，我接到仁波切的來電確認，可以即刻前往他下榻的凱悅飯店（Hyatt Regency Delhi）相會。

在我收拾物品時，再接到了一通來電。對方是一位印度司機，要接我們前往凱悅飯店。但因為他的英文表達不清楚，我們約了兩個不同的會面點，都沒有成功遇上。我心想，這是仁波切專程為我們安排的車，一直搭不上，實在很著急。眼看就要到了跟仁波切約定的時間，我只好放棄原來的司機，在路邊隨手招了計程車赴約。

跟仁波切碰面之後不久，原先的印度司機忽然來電，問我人在哪裡？我以英語對他說：「剛剛沒遇到你，我們現在已經跟仁波切見面了。」仁波切伸手接過我的電話，用印度語跟對方交談，幾回之後，仁波切掛斷通話，將手機還給我。

「這個人是哪裡來的？」

「咦？這不是你安排的司機嗎？我們通完電話後，他打來說要接我。」

「我沒有安排司機。」

正當我還在思索這是怎麼回事時，仁波切接著說：「你被盯上了。」

仁波切表情不改淡然，我跟彥廷面面相覷，不知為何會被盯上？當晚，我跟彥廷同住藏人村旅館的一房，午夜時候，忽然有人嘗試打開我們的房門。我們雙雙從床上跳起，趕緊發訊息向仁波切求助。仁波切回訊，要我們將門栓上緊，他也會通知人來照應，要我們不需擔心。

這是充滿危險與疑問的一天。為什麼會有旁人得知我的行蹤？他想開車載我們去哪裡？為什麼有人當夜想要闖入我們的房間？這件事十年來，每每想起，都無從解答。

回到仁波切個人的生命歷程。他在二〇一二年興建智慧林寺的僧伽學校告一段落之後，直到二〇一五年底搬到尼泊爾的這段時間，只帶著幾位僧人隨緣弘法，不隸屬任何寺院，也沒有大型計畫。從臺灣弟子的視角來看，彷彿仁波切消失了一般。同時在這幾年的時間裡，大寶法王與仁波切，分別遭受到印度警方的搜查與指控。這一切有如風雨中的迷霧，世間未留下他們辯駁的隻字片語，而飄游在人間的報導，卻又如刀劍指向他們。

時間再往前推至二〇一一年的一月二十七日，印度警方透過線報，大舉搜查大寶法王辦公室，發現大量各國貨幣現鈔，同時，當局放任印度媒體捕風捉影，指稱法王是間諜。此案很快於同年的二月初獲得平反，印度當局公開澄清，查無不法。法王也否認被指為間諜的報導，法王辦公室隨後在公開聲明中表示：所有現鈔都來自各國弟子的捐獻，辦公室一向根據印度的〈外幣管理法〉（FCRA）主動申請許可，但申請案始終在等待當局裁定。這些現鈔，此間只能囤放在辦公室，未料竟成了當局不實指控的引火線。

大寶法王辦公室的現金搜查案有驚無險，此事能如此快速地獲得澄清與平反，與貢噶仁波切在事件爆發的第一時間挺身而出有關。

當年事件引爆時，仁波切正在新德里，因為他與法王的關係親近，所以有資深的喇嘛急電仁波切，要他盡快離開印度，以避風頭。但仁波切認為，法王有難，不能在此時拋下上師，所以他馬上號召藏人村的官員開會，在新德里發起抗議，並且安排記者會，發佈新聞稿，忙了三日才趕往達蘭沙拉的法王駐錫地上密院。

當仁波切趕到時，上密院的法王辦公室幾乎人去樓空，只有法王與兩位侍者——其他人怕遭到牽連而紛紛走避，景況蕭條到連準備吃食都成了問題。仁波切設法召回大家，並請來印度的律師團隊向當局抗議，奮力維護法王的聲譽與清白。

這起無中生有的事件，經過律師團隊與僧俗大眾的努力，終究是讓印度當局公開澄清：法王辦公室無不法情事。但經此一事，法王的清譽確實受到了媒體的惡意抹黑，而貢噶仁波切跳下來力挽狂瀾，自此也受到了印度當局的敵意與監視。

一年多之後的二〇一三年底，他們終於找上了仁波切本人。

仁波切向來很希望為寄居上密院的法王布置一個處所，就算占地不大，也能讓法王有屬於自己的弘法據點。於是仁波切在鄰近智慧林寺的小鎮江德拉購置一處宅邸，並請來臺灣的裝潢師傅指導整修工作。

一日，仁波切在新德里辦事，忽然收到通知，江德拉的警察已經大舉進入宅邸搜查，並扣留正在從事指導裝修工程的臺灣裝潢師傅。印度警方不識臺灣護照，藉故抬升此事的層級，指控仁波切可能是間諜。事情愈演愈烈，印度警方召來許多記者，刻意發佈錯誤資訊，這些錯誤報導，又成為警方傳喚仁波切並拘留的理由。仁波切在警局被拘留的二十四小時間，反覆被訊問是否為間諜？繼大寶法王事件之後，又一次見到當局無中生有的指控。幸而在律師的協助下，仁波切得以平安脫身。

大批警察搜查江德拉宅邸的那天，許多村民聞訊，紛紛前來聲援仁波切，他們圍繞在宅邸周圍，恰好見證了許多警察違法犯紀的事實。警察進入屋內搜索，同時將值錢的法器與物品丟出窗外，而後若無其事地去外面撿拾，納為己有。村民們看不過去，圍上此些劣跡的警察，向其追討贓物。還有些警察將自己的鞋子留在宅內，穿走室內屬意的鞋子。

歷經這場大搜查、非法侵占，以及拘留訊問等事，最後當局裁定：仁波切讓持有旅遊簽證的臺灣裝潢師傅在此工作，以及宅邸內存放了超出限額兩桶的瓦斯，這兩件事違犯法規，其餘的，查無不法。但是，那些危言聳聽的新聞稿已經發出，再難收回，當局也無意澄清，自此給仁波切的記錄抹上了污點。

「這是印度當局對於你先前力抗法王辦公室抹黑的清算嗎？」

「應該是吧。」

仁波切語音剛落，我沉思自二〇一一年至二〇一三年底的這兩起有系統的不實指控案件，電光石火間，忽然想起了二〇一四年秋天，我在新德里發生的恐怖經驗。

「仁波切，你還記得我在新德里被人監視與跟蹤的事情嗎？難道是因為我私下數度拜見了法王與仁波切，而被盯上的嗎？」

「很有可能。」

原來我自己遭遇的、這十年間無從解答的恐怖經驗，極有可能是在法王與仁波切核心人際圈裡，綿延了數年的政治監視的一環。

「仁波切，所以你後來決定搬來尼泊爾，跟這些事情有關嗎？」

「有。」他的表情依舊淡然。

Burst

第三章

尼泊爾女婿

喜馬拉雅山麓的佛國

印度當局對大寶法王與仁波切的搜查與監視，讓仁波切瞭解到，這些事情既然已經開始，並維持了數年，將來必定延續，往後在印度的諸多事業，也必定受到影響。這些來自當局的不實指控，不僅僅是針對法王與仁波切個人，更大的背景是國際地緣政治的影響——這正是藏人在大國之間的為難之處。仁波切心裡很清楚，有朝一日，離開出生與成長的印度，是必然的方向。

江德拉宅邸搜查的案件，發生在二〇一三年底，仁波切時年三十歲。沉澱了兩年，在二〇一五年底，仁波切才正式搬往尼泊爾。

生活在印度的藏人，對尼泊爾這個國家並不陌生。千餘年來，泛喜馬拉雅山麓的人群，因為佛教傳播與商業貿易往來，彼此的足跡遍布了現在的藏區、尼泊爾、不丹、錫金與北印度，自然地理範圍與藏傳佛教文化圈大致重疊。尼泊爾的首都加德滿都更是這些地區的交通要衝與文化樞紐。

仁波切自少年時代起，就對尼泊爾很有好感。以前在智慧林寺學習時，到了高等佛學院的課程，每年都需要搭二十四小時的車，到加德滿都的桑滇林寺（Karma Samten Chokhor Ling）參加為期一個月的聯合辯經法會，與各大寺院的堪布教授以及學僧切磋佛學知識。也約莫是同一個時期（二〇〇〇年左右，仁波切約十七歲），在第二世波卡仁波切的介紹與協助下，貢噶仁波切蹇困的家人，終於得以在桑滇林附近安置住處。這裡也是貢噶仁波切的家。仁波切說，記憶中，每一次到訪尼泊爾的經驗都很快樂。

「尼泊爾的聖地很多！釋迦摩尼佛的聖地、蓮師的聖地、文殊菩薩的聖地、龍樹菩薩的聖地、馬爾巴大師的聖地、密勒日巴大師的聖地。尼泊爾是全部佛教、特別是藏傳佛教的聖地。」仁波切一口氣唸給我聽。

此外，仁波切也喜愛尼泊爾的自由平等氣氛。尼泊爾人和善知足，信仰佛教者多，就算是印度教徒也樂意進入佛寺禮拜且尊敬僧人。與印度相比，此地的人民對外來者溫和友善，少有種族歧視、宗教歧視與性別歧視，強盜與強暴等犯罪事件也罕有聽聞。

「尼泊爾人普遍知足常樂，有些窮困的人家，早上吃飽了，不知道晚餐的著落，但依然一派輕鬆，日子一天一天地過。」坐在一旁的侍者喇嘛補充道。

二〇一五年底，仁波切帶著兩位侍者，一起搬到了加德滿都。他們租了一間房子，仁波切準備閉關，兩位侍者輪流煮飯照應，成為了大隱隱於市的修行者。這樣的日子，直到香港弟子May聯絡上仁波切，希望來尼泊爾拜見上師，並請問能否在仁波切的道場借宿，這才知道，原來仁波切沒有自己的居所。隨

貢噶仁波切與桑傑年巴仁波切在尼泊爾邊倩寺，二〇一六年。（仁波切提供）

後，May與她的先生，以及幾位師兄弟集資，共同贊助了一處在斯瓦揚布納特（Swayambhunath）附近的宅邸，作為仁波切在加德滿都的第一個弘法據點。

現在尼泊爾的主流信仰是印度教，但是兩千多年來，佛法在此未曾斷絕，至今依然興盛。首都加德滿都遍布藏傳佛教的佛寺與歷史遺跡，斯瓦揚布納特，就是其中一處。他是一座古老且美麗的佛塔，矗立於加德滿都谷地的西邊丘陵頂上，主要的塔身有如覆蓋的白缽，塔基有面向四方的別緻佛壇，覆缽的塔身上方有四面，四面各有一雙深邃的佛眼，凝望四方，塔頂有十三層金色的相輪，高聳入天。這座佛塔也是尼泊爾的國家象徵之一。當地的猴群遍布，所以也被暱稱為猴廟。

仁波切的侍者告訴我，當他們住在斯瓦揚布納特附近時，仁波切經常在凌晨啟程去繞塔拜佛。他們在黑夜中前往，一路走陡峭的階梯上山，並在山頂右旋繞塔。破曉之際，可見東邊的加德滿都谷地天空逐漸泛白，開始人間的一天。

這裡煙霧繚繞，空氣中瀰漫著印度教徒點燃的濃豔香氛，交織著藏香的醇厚氣味與松柏的清煙。供燈臺上的瓦造燈碟是印度教徒的奉獻，與藏式的銅質燈杯交錯著，有如此地的族群和平共存。佛塔邊的印度教祭壇中，祈禱的鈴聲不絕於耳，彷佛配合著一旁的藏僧吟唱。佛陀坐於此，濕婆舞於斯，斯瓦揚布納特佛塔的方圓之內，有如宇宙的中心，是十方眾生來朝的皈依之處。

從佛塔向加德滿都凝望，貢噶仁波切的人生新頁，也將在此地開啟。

意料之外的事業

仁波切從小到大，未曾想過建造自己的寺廟；比起佛寺，他更想興建孤兒院或是身障者的庇護所。

但他的上師大司徒仁波切曾經給他指示：「為了利益更多眾生，你終此一生，至少需要興建一間佛寺，大小不拘，總是要有一處道場。」上師交代的任務，就在他心裡靜靜擱置。直到二〇一六年，香港的弟子May，為了圓滿仁波切與上師大司徒仁波切之間的承諾，號召師兄弟的力量，請仁波切領導，開始尼泊爾貢噶寺的興建計畫。

加德滿都市區幾乎已經沒有任何空地，只能往近郊尋覓。一日，土地仲介帶著仁波切來到距離市中心東北方約二十公里的淺山，這裡距離市區不遠，有極佳的自然環境，是尼泊爾人的旅遊名勝。

仁波切踩在這個山頭，放眼四望，忽然看到對面的山頭更加理想，但仲介表示，對面山頭已由幾位業主擁有，預備開發成度假區了。當天下山時，仁波切到附近的金剛亥母廟參拜[14]，向她祈禱，希望購地一事能夠順利，假使事成，往後每年都將來此舉辦薈供法會[15]。沒想到在兩週後，仲介急電仁波切，說是仁波切屬意的那座山頭的業主急著拋售該地——仁波切買成了貢噶寺的現址土地。

14 金剛亥母（藏文Dorje Pakmo，梵文Vajravarahi）是藏傳佛教中的重要女性本尊，代表諸佛般若空性的智慧。此處的金剛亥母廟（Google Maps:Bajrayogini Temple）是尼泊爾的重要史蹟與信仰中心。

15 薈供（Ganacakra）為藏傳佛教中特別的供養儀式，藉由供品集聚善業，供奉諸佛菩薩、護法及一切眾生。

仁波切說，這塊山頭獨立一方，遠眺喜馬拉雅山脈，俯視加德滿都谷地，兩側有流水環抱，是極佳的地點。他自幼跟隨大司徒仁波切，曾蒙大司徒仁波切指導堪輿方法，是而有此論斷。

除了自然地理環境的優勢，仁波切還講述了此地的宗教與人文意義。久遠以來，此地就被視為金剛亥母的聖地，距離貢噶寺不遠的金剛亥母廟遠近馳名，而在地方的歷史上，還有一則感人的故事。

此地古代稱為桑庫國（Sankhu），在貢噶寺後山不遠處有一條河，是桑庫國的命脈。某一年，桑庫國鬧了嚴重的旱災，於是請來占卜師求問解方。占卜師說：「若要旱災得解，唯有用國王的性命與鮮血獻祭才行。」菩薩轉世的國王不作二想，立刻傳喚王子，對他說：「明日將有兩位大漢，綁著一位蓋著白布的人到你面前，你必須毫不猶豫地揮刀，斬下他的頭顱。」王子不解，但見父王堅持，也不再多說。

尼泊爾貢噶寺開山，仁波切率眾蓋房子，二〇二〇年。（仁波切提供）

翌日，王子依約見到了這個蓋著白布的人，手起刀落，眼見滾落的首級竟然就是他的父王，嚇得全身汗毛倒豎！國王血流成河，自此不絕，不僅解了大旱，更成為此地世代滋養萬物的泉源。

王子繼位為王，每日都活在弒父的恐懼與懊悔中，於是找來當年的占卜師請問贖罪的方式。占卜師說，必須在此地興建一座金剛亥母廟，以諸佛的愛利益眾生，才能淨除弒父的罪業。當年王子興建的金剛亥母廟，即是仁波切參拜求地的那一座。

自從仁波切二〇一七年購得此地，直到二〇二〇年才有足夠的能力動工。當時是新冠疫情（Covid-19）開始肆虐的時候，萬事停擺，物資短缺，這是極辛苦的開山經驗。仁波切帶著幾個喇嘛、家人與學生，開始學著攪拌水泥、鋪地砌磚、拉水電管路，日日夜夜，胼手胝足蓋成了第一期的幾間房舍，這才有了片瓦遮頂的棲身之所。仁波切開玩笑說，沒有建築師的專業指導，晚上睡在自己親手蓋出來的房間裡，真有點擔心它會垮下來。此後，在二〇二一年的三月，大殿主建築正式動土奠基，仁波切也正式在山上定居長住。

尼泊爾貢噶寺的內外一切，都是根據仁波切的指導設計而成的。大殿主建築的一樓外圍是圓形的迴廊，隨著建築量體往上，至中至高處是一座尼泊爾傳統樣式的高塔，這樣的外觀非常不同於傳統的藏式佛寺，十分特別。

「為什麼會用這麼顯著的尼泊爾樣式，而不是藏式的宮殿？」

「尊重。我們在這裡傳法，要尊重尼泊爾的文化。」

仁波切從寺廟設計談及對傳法的理念，他拿起紙筆，畫出佛陀以降的佛教歷史源流，一個線段、接著一個線段，代表不同時代的歷史文化發展，這條傳承直至今日。然後仁波切將筆尖移到當代的我們，在紙上往回拖曳出一條拋物線，指向最初的佛陀。

「中間的過程，很多都是文化。我希望大家要重視佛陀最初的教法。」

「所以我設計的寺廟，希望讓大家重視佛法的本質。佛的慈悲。」

仁波切以前不想建寺，但如今真的建寺，要落實這些設計，他比誰都更加認真。寺廟建築興建期間，仁波切在自己的門口常備工作靴，不論晴雨，只要得空，就會踩著靴子快步走上工地。仁波切通曉藏語、尼泊爾語與印度語，不論是跟建築師，或是工人、塑佛匠師、壁畫匠師，都可以直接討論。他組織了一個團隊，有寺裡的僧人代表、俗家弟子代表、自聘工程師、自聘工匠，與營造商團隊互相切磋監督，確保建材與施作品質。仁波切經常自己拿著石條或木棒，隨時敲打地磚與裝潢測試結構，只要有不合格之處，就會請工班重新來過，務必做到最好。侍者喇嘛跟我說，以往不曾聽過哪一間寺院住持像仁波切這樣日夜督工。除了確認工程品質，還有一點：他不願意對外公開募款，這點點滴滴的經費，都是來自弟子的辛苦錢，不容許任何舞弊與浪費——他要承擔為弟子們與十方眾生成就一處弘法道場的責任。

建寺工程辛苦，但也有幾樁奇事，像是佛菩薩給予的鼓勵，深為弟子們津津樂道。

當年購地之後，仁波切還住在加德滿都市區，一日在佛堂舉辦法會之後，二十一度母中，以財富功德知名的「金色度母」（Kanakavarnatara）佛像，手中流下了許多白色的結晶，象徵度母賜予甘露。經過向桑傑年巴仁波切請益之後確認，密續[16]中的確記載了這樣的瑞相。

其次是貢噶寺大殿的釋迦摩尼佛坐像，此乃根據貢噶仁波切夢境所示雕塑。當匠師將佛頭塑好之後，請仁波切驗收，當他看到成品時，美則美矣，但那是傳統藏式的莊嚴佛頭，與他希望溯源更早期的佛陀造像風格不同。仁波切心想，匠師努力的作品，雖然不是自己所想，但也是莊嚴的，當下沒有其他

16 密續（Tantra），是佛教金剛乘密法中的修行依據。

指示。不料，隔天早晨大家再到大殿的工地時，佛頭已自然掉落，匠師必得重塑，再做出來，就是現在我們所見的、仁波切屬意的造型。

其三是佛舍利增生。二〇二四年初，貢噶仁波切回智慧林寺拜見恩師大司徒仁波切，蒙賜一顆珍貴的佛陀舍利子。仁波切歡喜地請回這顆佛舍利，心想將來要安奉在尼泊爾貢噶寺大殿的佛陀眉心白毫處，但他也很希望能將佛舍利供奉於佛堂。後來，仁波切因事前往印度菩提迦耶，兩日後再回來時，密封在舍利塔裡的佛舍利，竟增生為兩顆，圓滿了他的所願。

採訪的某日，我跟隨仁波切到工地訪視，他拿著收起的傘尖指著大殿大門邊的兩堵牆面，與壁畫匠師溝通想法。再次日，我們走到同一處時，兩面牆上竟畫好老鷹與貓頭鷹的圖稿。

「這裡不是應該畫四大天王嗎？怎麼畫了這兩隻鳥？」我問。

「不畫四大天王。這兩隻鳥就是寺廟的護法。」

「他們很有力量，視力很好，是鳥中之王。白天由老鷹守護，晚上由貓頭鷹守護，他們二十四小時看著這裡。」

習慣傳統寺廟布置邏輯的我，竟然無言以對。推想其中的道理，四大天王固然是佛教的護法神，但在此終究也是壁畫。若壁畫的裝飾，是反映了人們的期待，那麼在「守護者」的位置上，畫這兩隻猛禽，似乎也沒有不對。仁波切就是在這麼設計寺廟的，他不希望弟子錯把象徵當本質，只顧著表層的東西，卻丟了真正的內涵。以兩隻猛禽代替天王，在此就像是一則圖像的寓言。

仁波切對我說，寺廟是修行的道場，是屬於弟子與眾生的地方；有弟子求法，上師傳法，寺廟才有價值。

「現在蓋寺廟有很多事情要做，蓋好之後，就交給僧團管理。」

「仁波切你呢？」

「去一個沒有人找得到的地方，閉關修行。」

不想建寺的仁波切，建成了一處在尼泊爾既宏偉又有特色的寺院，然而，他最嚮往的，是回到雲深不知處，進行最樸素的修持。

一切有如人間的一場遊戲。

仁波切結婚

當我們的車輛開進貢噶寺的院落時，看見一位身穿休閒服的女子，將長髮紮在腦後，坐在臺階上，低著頭，專心地幫側趴在她腿上的小孩掏耳朵。幾個坐在她身邊的孩子看向此處，她也停下手邊的工作，起身合掌微笑迎接我們。她的態度謙和有度、溫柔大方，眉宇間也有股堅毅的力量，她是策令措茉（Tshering Chhoma），在貢噶寺裡被大家尊稱為「恰嘉瑪」[17]的貢噶仁波切夫

17 恰嘉瑪（Chakgyama），用於尊稱藏傳佛教傳統中，已婚的高位上師的夫人。「恰嘉」是藏文譯音，有「印記、象徵、加持」等意。此稱謂表現出她不僅僅是上師的家庭伴侶，更是佛法上的伴侶，與上師共同護持佛法。中文世界則多稱「佛母」或「師母」。

人。

貢噶仁波切搬到尼泊爾後之後，他做了一個轉變身分的重要決定——在向恩師大司徒仁波切與桑傑年巴仁波切稟明還俗意願，並取得兩位上師的同意之後，貢噶仁波切自此褪下僧服，改穿俗服，以在家瑜伽士（Yogi）的身分繼續擔當佛法上師。

人們印象中的上師，經常是出家僧侶的身分，住在寺廟裡，終身持守獨身戒律，但其實只要修行有成，在家居士也能擔任佛法上師。例如藏傳佛教中的薩迦派的歷任法王，就是以父子相傳的方式延續。又如近代的大師，寧瑪派的頂果欽哲法王，也是依循寧瑪傳統，還俗並娶妻生子。這些以在家居士身分擔當上師的大德，在傳授佛法與引領弟子的事業上，毫不遜於出家上師；或許我們可以這麼說，佛法上師利益眾生的心，不因他俗世身分而有變動，貢噶仁波切就是如此。

師母與孩子們。（攝影／林彥廷）

當仁波切開始跟策令措茉約會時，當時幾位親近弟子滿懷擔憂地勸告他：如果公開戀情，怕是你的弟子會散光光，佛法事業毀於一旦。仁波切不在乎，他只想真誠地面對這個世界，不想有任何欺瞞。

因為仁波切眼中的策令是一位特別的女性，獨一無二的伴侶。

策令來自一個五口之家，父親是來自尼泊爾北部高山區域馬南（Manang，馬南地區中有涅香（Nyishang）谷地，為人所知。）的人，長期擔任尼泊爾政府的官員與商人，母親是加德滿都人，與父親一起經營事業，她還有一雙弟妹。她的教育大致是在印度完成，碩士專業是商業行銷。策令的父母親感情和睦，且平等對待彼此，父親支持母親有自己的事業，母親也常以父親為榮。

策令的家族有一點很特別，他們很尊重女性的獨立發展，不僅是她的媽媽，乃至她的外婆與阿姨，都有很獨立的性格與能力。這一點，在策令到印度讀書、體會到當地社會嚴重的性別歧視之後，才深深感受到家庭培養了自己多麼稀有的性別平等精神——她向來可以獨自自由地進出家門，不像其他女生同儕，許多人被禁足，或是需要編造出門理由。

策令一家人都是佛教徒，這起源於父親的信仰，母親也很支持。他們不分教派地支持佛法，並且對所有良善的宗教都抱持敬意。父親對他們說，「所有的宗教，本質都是愛」。母親會在家裡各處張貼小紙條，提醒大家，把握每一個可以展現愛心的機會。他們家積極地照顧流浪動物，白天照料斯瓦揚布特納的猴群，晚上照顧加德滿都的流浪狗，三十年間未曾中斷。她來自充滿愛的家庭。

策令與仁波切算是經由父親的關係認識的。當初仁波切想要拋售住宅籌款興建貢噶寺，爸爸恰好是仲介介紹的買家。初認識時，她們家甚至不知道對方是一位仁波切，只覺得相處起來格外投緣。在策令眼中，仁波切除了是佛法上師，還是一位細心且很會幫助他人的男子；在仁波切眼中，他認為策令不是尋常女子，是一位具足了慈悲與愛的女人。

特殊的緣分讓他們走在一起。策令覺得這位約會對象很有意思，當他們一起去看電影時，品味電影的角度都不一樣，但是這個差異為他們造就了很多話題。有一次，仁波切將女朋友策令介紹給一位寧瑪派的高位上師歐色多傑仁波切（Ozer Dorje Rinpoche）認識，當下歐色多傑仁波切就說：「她是一位空行母[18]啊！你要跟她結婚！這將會利益很多眾生！」

他們交往了三年之後，決定在二〇二一年五月五日結為連理。婚禮是一場法會，由歐色多傑仁波切主持，帶領二十多個完成三年三個月閉關的喇嘛修法，現場共五十餘人見證。仁波切事後很慶幸地說，在疫情最嚴重的期間舉辦婚禮，最大好處就是不用宴客，不用應酬廣大的家族與親友。

上師還俗又結婚，對很多佛弟子來說，真是聞所未聞，甚至有些驚世駭俗，所以也不是所有的人都看好這段關係。仁波切的一些親近弟子開始擔心，大眾期待一個符合自己完美印象的上師，如果這件事情傳將出去，可能讓信眾跑得一個不剩。

仁波切依然是那句話：「我無所謂。我無法控制別人的好惡。我誠實地面對大家，這就是我，我不想當雙面人去欺騙弟子。我就是一個結婚有太太的上師。」後來證實，沒有弟子因此離開，有幾位暫時消失了一陣子，整理好心情，再度歸隊。事實上，仁波切的佛法事業在婚後比婚前更廣大，這也是始料未及的事。

兩人結婚，仁波切面不改色，倒是策令非常緊張。她很擔心這個婚姻給仁波切帶來負面影響，她很擔心弟子們會排斥。直到婚前，她做了一個夢，夢境中有一位白衣女士為她加持，夢醒後仁波切解釋，那是來自大白傘蓋佛母的祝

18 空行母，藏文譯音為康卓瑪（Khandroma），是女性成就者的尊稱。

福，這個夢兆很吉祥，她才定下了心。她知道，她的仁波切丈夫將會花大部分的時間跟弟子相處，在佛法事業上努力，但她也知道，仁波切會永遠祝福她快樂，這是一個長遠的、互信、互敬、互愛的關係。她很願意在彼此給予的自由中自在遨翔。

這時候，藏地貢噶寺傳來消息，說是很多老藏人不能接受上師還俗結婚，好像信仰的價值遭受毀天滅地的災難，鎮日捶胸頓足地哭泣。仁波切為此狀況直說：「他們應該反省，他們所跟隨的究竟是他們自己設立的價值？或是跟隨一位真正的上師呢？」在藏區貢噶山住持的洛桑老師請大司徒仁波切為這些藏民開示，桑傑年巴仁波切也主動對大眾給予貢噶仁波切結婚一事的演講。

這兩位噶舉派當代首屈一指的大師，不但同意貢噶仁波切結婚，也給予深切的祝福。桑傑年巴仁波切說，他與貢噶仁波切有特別深厚的情誼，相知甚深，所以對貢噶仁波切有不變的信任與信心。從歷史的角度來看，上師可以用出家比丘或在家居士兩種身分弘法利眾，弟子應該要對上師有信心，所有上師的行為都是利他心的展現。大司徒仁波切說，貢噶仁波切是真正尊重佛法與戒律的人，因為他的誠實、不隱藏、不欺騙，所以上交了僧袍與出家戒律，並以在家瑜伽士的身分繼續傳法。貢噶仁波切的表裡如一，是他深信因果的作為，這很重要。大司徒仁波切提出一個深刻的見解：「如果你們的上師，成了著比丘衣的偽裝者，表裡不如一的話，佛法的事業不會有所進步，我們需要思考這樣的問題。因此，我們每個人都需要痛定思痛，透過現象認識事物的本質。」

策令的父親、亦即仁波切的岳丈兼弟子，在他們婚後沒多久癌逝。他在生命的終點前，跟他最親愛的女兒策令說：「我真的很高興，你能嫁給仁波切。我相信仁波切會引導我往生淨土。」

「親愛的女兒，請你千萬要記得，當大眾稱呼你為『恰嘉瑪』時，你一定不能自滿。是否擔待得起這個敬稱，是根據你的品德與修行，不是因為你是仁波切的妻子。」

仁波切對於岳丈在臨終前的囑咐感到非常感動。因為，仁波切深知策令的學識與能力極佳，大可以協助管理，但他希望她能瞭解自己身為在家居士的身分，不涉入寺廟的僧團事務，而且仁波切還希望，策令在法會時，不可因為仁波切妻子的身分，而坐在比僧眾更高的位置，一定要將自己當作學生，在佛法中謙卑地學習。

上師還俗與結婚，不影響上師與弟子之間的佛法傳授關係。就像是父母與孩子，不會因為父母的行為，改變親子之間的客觀事實。漢傳佛教的《六祖壇經》說：「若欲修行，在家亦得，不由在寺。」一個真正有心於佛法修持的人，不因出家或在家的身分而有區別。

今年（二〇二四）師母生日時，仁波切為她獻上了珍貴的絲綢卡達。我注意到仁波切手上的戒指，一問方知，那是岳丈的遺物，是由岳母送給仁波切的。岳母說：她的先生後半生都戴著這個戒指，他的事業也是在這個順利發展，她知道先生愛護仁波切如親生兒子，所以定要將此物供養給仁波切，祈願上師利益眾生的事業能更加廣大。

歐色多傑仁波切說，他們的結合將利益更廣大的眾生，我如是相信。

山上的孩子們

仁波切的夫人、師母策令跟我說，她婚後的社交活動變少了，每當她的朋友相約時，她總會說：「我要回山上，看看我的孩子們。」朋友很驚訝地問：「你已經有小孩了？」她就會回覆說：「有，八十個！」然後笑著等待朋友的驚呼。

這八十個孩子，就是正在貢噶寺裡受教育的小男孩與小女孩們[19]。

或許你曾聽過，人們稱呼那些住在藏傳佛寺裡受教育、剃著光頭、穿著藏紅色僧服的小孩們，男生叫做「小喇嘛」，女生叫做「小阿尼」，認定他們全是出家的小沙彌及小沙彌尼，這不盡正確。因為普遍在藏傳佛寺裡面的這些小孩，都尚未正式剃度受戒，規制上不算出家人，只是為了寺廟生活的方便，所以剃光頭、著僧服。準確來說，藏語的出家人男性稱為「札巴」（Drapa），女性稱為「阿尼」（Ani），而「喇嘛」（Lama）的漢譯是「上師」，這是引領弟子證悟的佛法導師，是很高的尊稱。一位喇嘛可以是出家人，也可以是在家人，像是貢噶仁波切就是弟子們的喇嘛。

貢噶寺裡的孩子們，大多來自窮困人家，父母為了讓小孩有基本的生存條件和教育機會，送來佛寺。也有些孩子是因為家長基於對佛法及上師的信心，特別送來，還有一部分是仁波切收養的孤兒。這些孩子裡，只有極少數有強烈

19 孩子們逐年增加，二〇二四年本書採訪時，總人數約為八十，到了二〇二五年初，已增加為一百三十人左右。

出家志願的人，經仁波切同意後才受戒為僧，大部分還是在家居士的身分。當孩子們滿十八歲成年後，仁波切會再次詢問他們的意願，可以選擇就此出社會工作自立，也可以正式出家，或留寺服務。

不為全體小孩剃度為僧，是仁波切思考之後的決定。在他的兒時記憶裡，不曾有人詢問過他的意願，就直接在上師座前剃度；都還沒確定自己的能力與意願，就成為僧侶。如今自己主持一間佛寺，就不再這麼做了。

尼泊爾貢噶寺開山的時候，來了五個孩子，三男兩女。他們都是尼泊爾在地的窮人家小孩，幸運被仁波切收為弟子。原先仁波切只想收男生，考慮到公平原則，為了最初的那兩位女孩，也開始建立女生的生活空間。即便是在開山草創時期，小女孩們也有一個獨立的院落，有自己的中庭與看得到山景的後花園。雖然在佛法教育上多是男性僧侶的老師，但另有女性的尼泊爾語與英語老師，仁波切還安排了一位原先是尼師還俗的女性工作人員達媚瑪（Dakmema），

食堂裡，等待中餐的孩子們。（攝影／林彥廷）

與小女孩們同住，作為生活導師。而仁波切夫人，就像是孩子們的母親。

聊起這些孩子們，仁波切喚來女孩尊卡（Zumkha）與男孩囊哇他耶（Nangwa Thaye），他們倆就是第一批來到寺院的五個孩子的其中兩位。

尊卡十六歲了，是女孩裡面年紀最長的，因為領導能力強，也被安排為女生宿舍的領袖。她的身高不高，眼睛小小的，眉毛濃濃的，五官精緻，眼神很有力量，說話做事條理清晰，頗獲小女孩們的尊敬。她的老家住在距離貢噶寺半天車程的鄉村，家境清苦，從小要協助農事。她來貢噶寺已經四年了，中途回家過三次，她說不會想家，在這裡學習很快樂，最喜歡的是英文課。她還說喜歡看印度的影集，放假時，會花些時間用手機跟好朋友一起看影片。我記得尊卡，她是在師母生日時，帶領其他小女生在同樂會上一起跳舞獻藝的隊長，身量雖小，但架勢十足。

囊哇他耶比尊卡年紀小一些，如果論在老家的輩分，他是尊卡的親舅舅，

仁波切和餐會上的孩子談話。（攝影／林彥廷）

當初與尊卡還有尊卡的弟弟一起來貢噶寺求學。他的樣貌很清秀，仁波切跟我說，他認為這個孩子不一般，可能是轉世的修行者。的確，我曾經在某日的早課時，看見他的坐姿與氣質別於他人，有一種特別安定的力量。他不像其他男孩喜歡踢球，他比較喜歡讀書，尤其擅長藏文。當我們大家聊天時，他會靜靜地看著地上，這讓我想起了少年時的仁波切。

他們兩位現在都是四年級——目前貢噶寺裡最高的年級。仁波切不以年紀分級，而是以學習能力為準，學習狀況佳者，可以往高年級就讀。他們的學習科目有語言與佛法兩大類，語言課有藏文、英文與尼泊爾文，佛法課有佛法義理、法事儀軌、樂器與唱誦。

目前尼泊爾貢噶寺的教育規劃是十年，仁波切希望培育有綜合能力的僧才，通佛法義理與法事儀軌。以往舊式的藏傳佛寺教育分成兩支，一支專學佛法義理、讀佛學院，另一支專學法事儀軌，這兩支的學生分別走向專業，彼此的課程不相通。仁波切認為，這樣培育出來的學生在哲學理解與修行實踐無法融合，甚至有所斷裂；會修法的不懂佛理，懂佛理的不會修法。為此，仁波切重新設計，在貢噶寺現行的課綱中，佛法義理課程與法事儀軌課程兼修，十年畢業之後，欲進修者，再各別分科。

仁波切期望以更現代、多元的方式教育他們。四年級以上的學生，可以擁有電子設備；沒有經濟能力的，仁波切也會盡量為他們準備，但是只有每週一天的假日可以使用。因為學生幾乎都是家境困苦的孩子，無力置辦衣服文具等，便由仁波切出資贊助。仁波切會定期發小額零用錢給孩子們，讓他們可以在商店消費些文具或是點心。寺裡也不再像傳統寺院厲行體罰，凡有違規犯錯的學生，首先會被師長究明事理，然後責以不同程度的勞動服務。

有一日，仁波切為孩子們訂購的法器到貨了。在清點時，侍者喇嘛有感而發地跟我說：「他們現在好幸福，一切都由仁波切幫他們準備好了，他們只要專心學習。以前我在寺廟長大時，這些都是要自己買的。」

有一個剛來的小男孩，年約四歲，非常聰明好動，仁波切為他取名宗喀巴（Tsongkhapa）。為他訂製的僧服還沒送到，於是他就天天穿著送來貢噶寺時的那身童裝跑跳。他的頭上綁著粉紅色的繃帶，那是他不小心摔倒流血，師長為他上藥的包紮。一天，仁波切要他拆下繃帶換藥，但宗喀巴不斷抗拒，他似乎是覺得那個粉紅繃帶很獨特，是他專屬的識別，死活不讓人觸碰。仁波切出手，電掣般地將他的繃帶拆掉。宗喀巴不甘心，坐在原地嚎啕大哭，兩眼的淚珠一顆一顆地掉下來。哭累了，就坐在原地睡著。

見他睡著，一旁的大孩子把他抱進室內的床上。仁波切拆了繃帶後就轉身離去，不見蹤影。原以為仁波切就此離開了，不一會，見他拿著藥回來，幫宗喀巴重新包紮。

宗喀巴被驚醒了，他還記得剛剛是在哭，所以從寧靜的夢中回神，不忘繼續哭泣，小小的肩膀因抽噎而起伏著。另一位小男孩，看起來只比宗喀巴大兩歲，帶著用零用錢買來的兩份炒麵與飲料，與宗喀巴共享，嘗試安慰他。宗喀巴看見美食，一高興了就忘記一切，跟這位小哥哥大快朵頤起來，兩人用尼泊爾語飛快地聊天，笑得燦爛。

我被宗喀巴的哭聲引過來，恰好目睹這一切。試想，我們何嘗不就是宗喀巴？眷戀某些自我的標誌，當上師來拆解這份執著時，犀利難當，於是覺得受挫。然而上師終究是慈悲的，我們的友伴也是慈悲的，特別是置身尼泊爾這種窮困的地方，情誼更顯真摯。那位帶來炒麵的小男孩，擁有的不多，但願意全然分享，這比起我們偶而施捨萬分之一、卻期待一本萬利的回報，心境有如雲泥之別。

又一日，有位年約八歲的孩子，因為好奇心，爬氣窗潛入外賓的房裡亂翻，雖無偷盜的行為，但是給大家帶來了困擾。由於是累犯，仁波切很快發現是他，就在廣場邊喊住，並訊問起來。他滿臉委屈地招認了犯行。仁波切說，可以容許犯錯，但是不能二過，所以這一次他被教訓得很厲害。師母策令也在旁邊，雙手抱胸，眉頭深蹙，像極了一對父母親正在教小孩。

此情此景，觸發了我心中的感動。看著這些原本無以為繼又失學的孩子，如今能夠在這個有愛的環境中，衣食飽暖、安身立命、受教育、長大成人，甚至有機會實踐夢想，成為這世間利己利人的一份子，是十分幸福的事。

在他的心裡，一天都沒有還俗

尼泊爾貢噶寺的山頭，原先只是人煙幾稀的一片叢林，直到仁波切在此建寺，十方的力量開始匯集，一絲一縷的因緣，成就了現在與未來的樣貌。在這裡的每個人，都有自己的人生故事與經歷；就像你我一樣，我們各自帶著故事前來。仁波切說：「這裡沒有工人，都是家人。」這句話，直到我親自跟幾位看似平凡的僧侶或工作人員交流之後，才知道所言之實、份量之重。

像是朗日喇嘛（Lama Rangrik）——仁波切的近身侍者，以及他的故事。

仁波切曾說，將來如果有機會去遊方閉關，他只會帶朗日隨行。經過一段時間的相處，我完全瞭解仁波切為何出此論斷。朗日高瘦，骨架寬大，面目有藏人溫柔堅毅的風格。他的態度親切隨和，通曉藏中文，做事極為周到。我看過他騎越野摩托車馳騁在山路上，也看過他泡牛奶細心照料幼兒。他會做菜，也會修法，口中慈悲的咒語持誦不絕，手上的持咒計數器也未曾停歇。我沒有聽過他講任何負面言詞，凡他的聲音所出，都是柔軟寬慰的語言。最重要的是，他對佛法與對上師的信心極為堅固——他的人生故事由此而來。

我問仁波切，是否記得與朗日初識的那一天？他說記得。

仁波切在印度智慧林寺完成三年三個月閉關後不久，有一團來自藏地貢噶山的僧侶集體求見。一眼望過去，仁波切就看到了站在人群最後、一位年約二十歲的青年僧人。仁波切看著他，覺得很親切，有緣份的話，想請他留下來當侍者。但這群僧人是來印度求學或求法的，仁波切不好意思開口留人。一晃六年，一位貢噶山的資深喇嘛來電，說是有一位在智慧林寺讀書的貢噶山僧人想擔任仁波切的侍者，仁波切答應了。當這位僧人到仁波切位於江德拉的宅邸報到時，才開門，仁波切立即認出，這是當年希望留用的那位青年！仁波切非常開心，讚嘆緣分如此奇妙。

尼泊爾的五月是雨季的前夕。某日午後，天空陰陰沉沉，不過多久就下起了大雷雨。朗日恰好得閒，我們就坐在停電的會客室中談天。

我談起仁波切對他的第一印象，問他是否也還記得？

「記得。但那不是我第一次見到仁波切噢。」

「我是在藏地貢噶山上的佛寺裡第一次見到仁波切的。那是一九九九年吧，我十四歲的時候。」

「那時候我還是個農家小孩。我看著仁波切，覺得他是那麼的耀眼與尊貴，心裡好仰慕啊！我都還弄不清楚『出家』是怎麼回事，只想也要像他一樣。」

隔一年，十五歲的朗日，就跟父親稟明出家的意願，父親很高興，旋即同意。然而父親有個但書——如果出家，就要終生為僧。父親甚至說：「如果你出家後想要還俗，唯有兩個時機，一是我死後，二是你死後。」面對如此絕決的條件，朗日答應了，自此在貢噶山派下的寺廟出家。三年後，仁波切再次回山，那時候朗日喇嘛已經成年，寺廟安排他擔任儀杖隊伍的一員，為仁波切行走時撐著莊嚴的傘蓋。

「我為仁波切撐著傘，走在路上，我就想這麼跟著仁波切。但是，這怎麼可能呢？仁波切的地位那麼崇高，而且主要活動在印度，我怎麼可能有機會跟隨他呢？」

當仁波切旋風式地短暫回山駐錫離開之後，一切又歸於寂靜，朗日想要跟隨仁波切的想法也隨之深藏，繼續在藏區的貢噶山上修行。三年過去，貢噶山上有一群喇嘛密切地討論申請護照，想到印度朝聖。朗日也想去，但父親不允許。朗日告訴父親：「如果不讓我去印度學習，要我日後還俗了，你可別責怪。」朗日的堅持，終是為自己爭取到前往印度的機會。他隨著僧團飛往印度，在智慧林寺拜見仁波切。那是二〇〇六年，也就是仁波切記憶中，第一次見到朗日的場景。

朗日留在印度智慧林寺讀書六年，終於在二〇一二年時，毛遂自薦擔任仁波切的侍者，師徒倆的生活，自此在一起。四年後，當仁波切決定到尼泊爾定居，朗日自然也隨之前往。

在尼泊爾定居後的某一日，朗日接獲藏地家中的消息，說是自己的護照與簽證有問題，需要回去處理。當朗日回到成都機場，護照即刻被海關註銷，再也不能出境。朗日不清楚怎麼回事，急得像熱鍋上的螞蟻。幾次到相關部門詢問未果，只能推測是自己的僧侶身分，加之出境時間太長的緣故。他打聽到，如果要再次成功辦出護照，可能就無法同時維持僧侶身分。

朗日想回尼泊爾，是為了追隨上師修行，但在此刻，他必須先還俗取得出國的資格；他沒有想到，有朝一日真要破壞與父親說好終身出家的約定，竟是為了維持終生修行的承諾。

朗日脫去僧服，蓄出頭髮，並到當局註銷出家的證件。隨後的好幾年，朗日努力過起在家人的生活——為了取信於當局，證明自己足夠世俗，以便取得再次出國的機會。他開始賺錢營生，在成都、在深圳、在廣州，在這些燈紅酒綠的鬧街上流轉。他在飯店工作過，也曾幫人洗車，當過快遞人員穿梭在大街小巷，也曾經做便當在工廠邊叫賣，最後的工作是在一個社區當警衛。他穿著警衛制服的照片，挺拔又專業，住戶們都很喜歡這位積極主動且溫和可靠的保全，於是幫他加薪、給他最好的宿舍、申請最好的社會保險，他開始過起了一般雇員也稱羨的生活。世間飽暖的日子順風順水，但在他的心裡，一天都沒有還俗。

後來，朗日終於辦成了護照，再次回到尼泊爾，繼續擔任仁波切的侍者。

屋外的雷雨漸歇，天空出現了紫橘色的雲彩，殘留的天光照映著朗日的側臉。他的人生跌宕起伏，但卻依舊寧靜平和，經歷了那麼多次的人生選擇，他還是走在這條路上。

尼泊爾貢噶寺裡的住眾，每一個人都有類似朗日的故事，大家從十方而來，在這裡為上師、為佛法、為眾生服務。

仁波切曾告訴我：「這裡一百多人都不是我請雇的，都是大家自己來的。這是大家的因緣。否則，我的英文不好，中文也不好，不喜歡講話，也不公開募款，要憑我一己之力聚集這些資源，是不可能的。」

「這一切都是佛菩薩的安排，是佛菩薩用我的身體在度眾生。」

不轉世了

仁波切以全副心力投入尼泊爾貢噶寺的開山建設、僧團經營，以及孩子們的教育事業。他一天數次，踏著石礪上到工地，走在沒有護欄的樓板邊，爬在竹子搭建的鷹架上，隨手撿起工地的建築角料，這邊敲敲，那邊打打，確認施工品質。他一邊走路，或與營造工程師溝通施作，或與藝術匠師切磋設計，當他走到主建築外圍的花圃巡視，我才知道，連這些梔子花都是他親自挑選的。

或許可以這麼說，尼泊爾貢噶寺整座山頭的經營，都是在他的意志與指揮下逐次完成。我造訪過一些臺灣的漢傳佛教名剎，每處都有宏偉的建築與廣大的僧團，他們也都有各自的開山故事。屬於尼泊爾貢噶寺的開山故事，就在此刻發生。

某一日，我們在巡視主建築的三樓時，我跟著仁波切在對稱的兩側房間來回走動。這裡是面對大殿佛像的左右兩側廂房，共用中間廣大的空間。我好奇詢問這些空間的用途，仁波切說，中間是上師的會客室，左右兩套廂房，一側是大寶法王的房間，一側是大司徒仁波切的房間。

「仁波切，你自己的房間呢？」

「我不留房間。」

「那你住哪裡？」

「我不住寺廟。以後搬到附近吧。隨便。或是去山裡閉關。」

乍聞此語，我心裡一驚。自己苦心孤詣造就的一片事業，居然連自己的房間都不留。仁波切繼續巡視，我快步跟上，當我們繞出建築時，仁波切為了

仁波切獨行在山門口。一旁的是整片的綠色風馬旗。綠色乃仁波切本命對應的顏色。（攝影／林彥廷）

看出入口的工程，逕自踩著鬆軟的泥沙，從坡頂連滑帶跑地溜下去，那是超過七十度的陡坡啊。他的軌跡揚起了一陣沙塵，逆著風，我看見他的背影縮小遠去。

當我們重新在臨時寮房的會客室碰面時，我依然思考著他剛才的回答。

「仁波切，你不住在寺廟裡，以後怎麼管理寺廟？」

「我不管理。未來寺廟蓋好了，就交給出家僧團，僧團才可以管理寺廟。」

「可是這裡是貢噶寺啊，你是貢噶仁波切，這裡是你創辦的，你是寺主。而且以一般藏傳佛教的規矩來說，不就是用轉世制度繼承嗎？當你此生圓寂，法王會找到下一世的貢噶仁波切來繼續擔任住持，不是這樣嗎？」

「我不轉世了。以後貢噶寺的住持就從出家弟子中，挑選修行有成、有能力的人接任就好。」

從稍早得知仁波切不意住在未來的貢噶寺中，我已是大吃一驚，現在仁波切又表態將來不再轉世，此事實在非同小可！

「不轉世了？」

「對。」

「我死之後，燒一燒，把骨頭擣碎，全部拿去種樹。以後弟子想念我，就去看樹。」

這是我第一次聽到仁波切對自己身後事的規劃，沒有紀念佛堂，沒有紀念佛塔，連舍利骨灰也不留。當此身已盡，便與萬化冥合，世間不留一點殘跡。

「為什麼呢？為什麼不轉世了？上師不都是因為有慈悲心，倒駕慈航再來度化眾生的嗎？」

「度眾生也要看緣分。我目前看不到下一世再來的緣分。而且轉世的制度也應該改變了。」

仁波切語畢，起身離去。我在屋裡，看著他在院裡呼喚著誰去做些什麼事。會客室裡剩下我跟侍者朗日喇嘛。他依然低目，平靜地念咒。

一瞬間，跨時空的記憶碎片，過去的、現在的、未來的，乃至多生多世的，一如風動的塵埃，因一念而起，又一向奔流於無盡的光之彼端。終究，在心中的百感交集，也將凝斂於虛空中消散，只因無常才是真諦。若仁波切不再轉世，在亙古的生死漂流中，這將是我們在人間，各以此身的最後一回相遇。

影像集

攝影　林彥廷

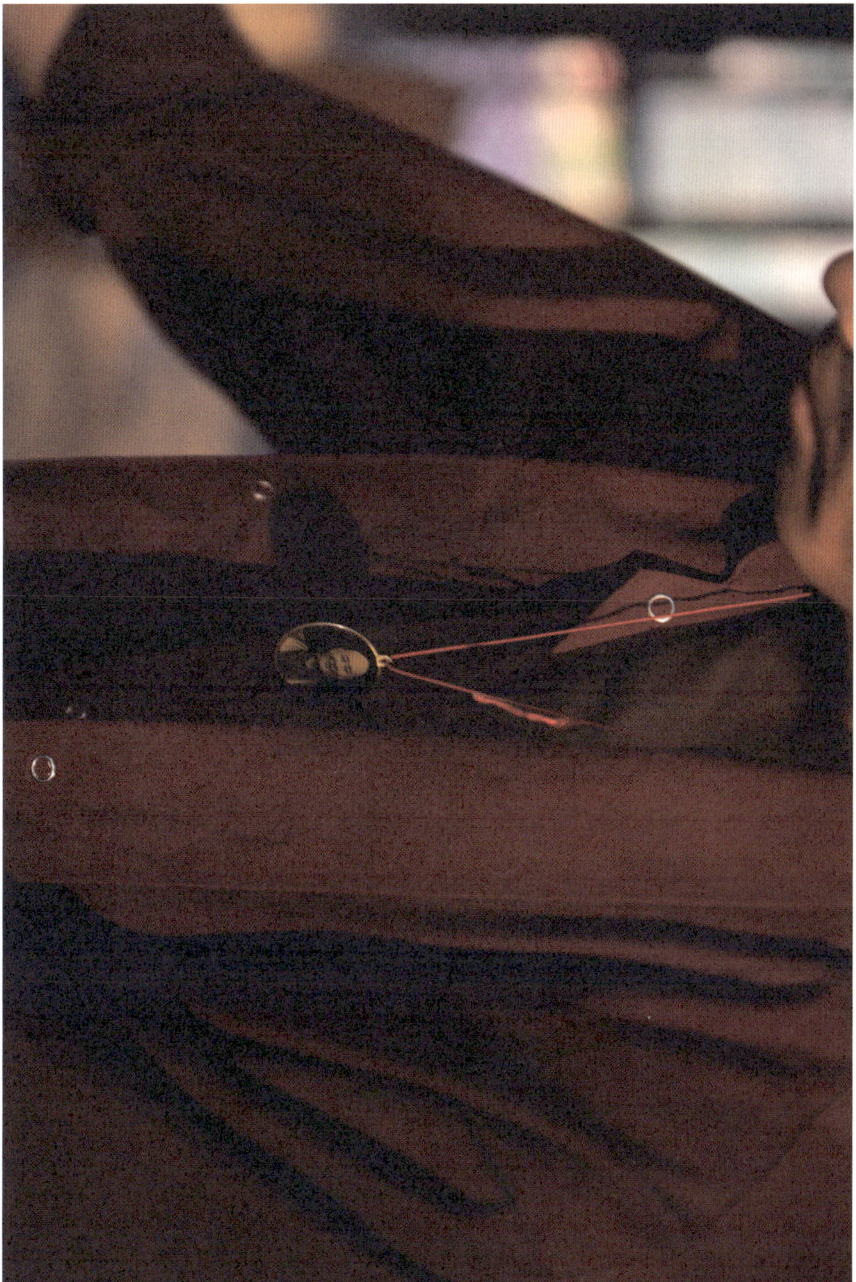

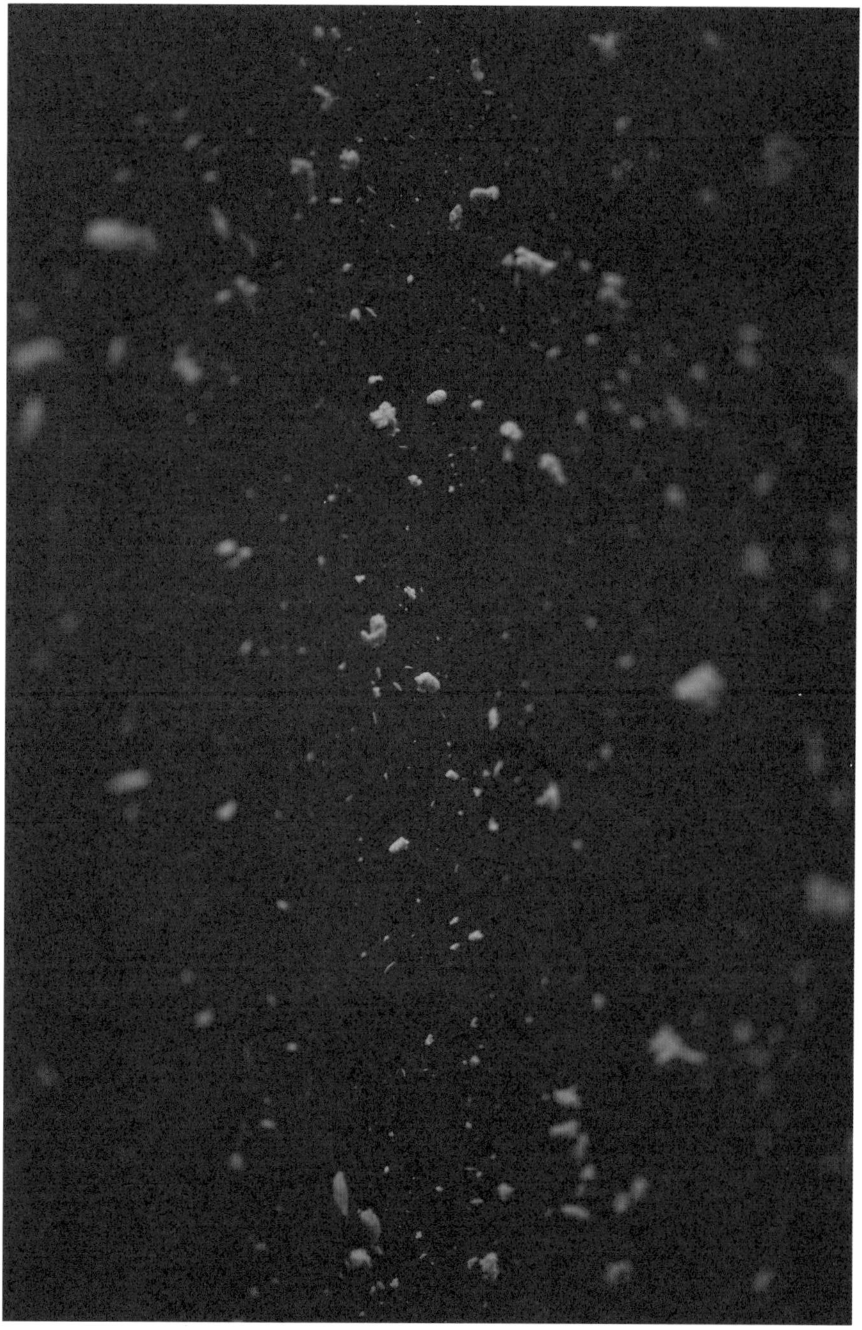

慈悲篇

第四章

佛法沒有那麼難懂

你搞錯了吧！

二〇二〇年春天，我結束在美國紐約山中為期三年三個月的閉關，回臺之後一日上午，貢噶仁波切來電，詢問我的三年閉關心得。這是我們師徒間睽違多年首次通話，又是在我的閉關完成之後，心情難免緊張，儼然是要向上師報告修行成果。我自忖進益有限，沒什麼了不起的心得，所以只挑要緊的講。我跟仁波切說：經過長時間的修持，有兩點感受特別深刻，一是在心裡生起了對三寶不動搖的恭敬心，二是對上師的信心變得更廣大堅固。

仁波切聽完，先是靜靜地回了聲：「好。」隨後他在電話中說：「修行，最重要的是慈悲心，要當一個好人。很多人就算從三年閉關出來，懂很多儀軌，會做很多法會，覺得自己很了不起，很偉大，但不是個好人，沒有用。不愛家人朋友，不愛國家社會，而去傷害眾生，這是沒有用的。」

「學佛，是學慈悲心。先是一個好人，才是一個修行人。」

真是沒有想到，在我做完傳統、正規、繁複又嚴格的三年閉關之後，上師給我的第一個教誨，不是任何修持上的指導，而是叮囑我，今後要當一個社會上善良的好人。雖然意外，但確實印象深刻。往後數年至今，我最常聽到他對弟子的開示，也不是指導他們念什麼咒、修什麼儀軌，而是要他們有慈悲心，當一個好人。

二〇二四年春天，我在尼泊爾加德滿都近郊，興建中的貢噶寺工地下方的臨時會客室與仁波切相聚。一日下午，我向他問起了關於煙供與焚香的問題，仁波切一如往常地快速解答。語畢的短暫空檔，我想起了背包裡常備的藏香與工具，一邊伸手去掏，一邊興致高昂地跟仁波切說：「我隨身攜帶這兩種煙供的材料，想請仁波切看看！」

「那些都不重要！」他在座位上忽而向前傾，皺眉對我說。

「煙供什麼的，只是幫助你在世間做事順利而已。你真正應該想的是釋迦摩尼佛！你要二十四小時想著他，因為他是一切佛法的根源，他的本質是慈悲，你要不斷想著慈悲。所有的佛經與儀軌，都不如佛陀的故事重要；若人不懂佛的生平故事，就算讀再多佛經，也不是佛弟子。」仁波切突如其來的教訓，內容比起之前給我的答覆還多。

仁波切繼續跟我強調，修行的重點在於「慈悲心」。佛陀是我們的典範，他在世的時候，沒有用法器，也沒有修煙供儀軌，即便沒有這些，但是因為他有不可限量的慈悲心，全心全意為了幫助眾生，最後終於成佛。他貴為王子，榮華富貴不可限量，他的修行不為了成就他自己，而是為了眾生的幸福快樂，

穢跡金剛火供一景。（攝影／林彥廷）

這是我們視他為導師的原因。

實踐慈悲心，就是要將自己縮小，將他人放在更重要的位置，能同情、能同理，真心誠意地為他人設想。從愛自己的父母開始，擴及去愛其他的眾生。仁波切說：「一個佛弟子，如果連父母都不願意去愛，說要愛一切眾生，那是不可能的。」當一個好人，就要從自己的生活中做起。

「很多弟子，特別是漢人弟子，不重視釋迦摩尼佛，不重視慈悲心。他們更重視護法，更重視瑪哈嘎拉[20]，祈禱護法保佑生意興隆、長命百歲，這是完全不對的。」

曾經有一位富有的漢人弟子，在家裡設置了華麗的佛堂，完工之後，得意地拍照請仁波切過目，希望仁波切給予指導與加持。仁波切一看照片，發現佛壇的正中央供奉著瑪哈嘎拉的聖像，釋迦摩尼佛的聖像反而放在角落。

「喂喂！你搞錯了吧！你是不是佛弟子啊？」

「是釋迦摩尼佛教你成佛，不是瑪哈嘎拉教你成佛啊！」

他就是這麼直接。仁波切跟我說，不知道從什麼時候開始，漢人弟子崇拜護法、推崇瑪哈嘎拉的風氣，簡直過了頭，算起來瑪哈嘎拉只是大寶法王的其中一位護法而已；到現在，好像整個噶瑪噶舉傳承的主要皈依對象變成了瑪哈嘎拉。

「我自己不修護法。以後建好的寺廟裡，也不拜護法。寺廟的晚課也不修護法。在我這裡讀書的小孩子們，都不會知道瑪哈嘎拉。」

即便他是我尊敬的上師，聽他堅定地說出這句話時，我還是嚇了一大跳。因為所有藏傳佛教寺廟，無不以瑪哈嘎拉的儀軌作為團體共修的晚課，千百年

20　瑪哈嘎拉（Mahakala），譯意為大黑天，是藏傳佛教中最重要的護法之一，形象化身各有不同。貢噶仁波切主要持有的噶瑪噶舉傳承中，特別推崇二臂瑪哈嘎拉「黑袍護法」（Bernakchen），他被視為觀世音菩薩的忿怒相，本質為大悲心，為了降服與破除眾生的妄念，故而顯現為忿怒勇武的樣子。

來都是如此，我不曾聽說有任一間寺院不拜瑪哈嘎拉、不修瑪哈嘎拉的。在保守的信徒耳裡，仁波切這句話說是離經叛道也不為過。

「我就是第一個。」

「修行人為什麼要護法？真正的修行人不需要護法。」

「如果你相信慈悲心，如果你相信一切眾生都是你的父母，那麼你為什麼需要護法？有誰會來攻擊你？你需要護法保護什麼？」

「修行人最重要的是慈悲跟愛。甚至殺我的人，我都要用慈悲心對他。如果真正這麼修，為什麼還需要護法？」

這一連串肯定的反譎句，邏輯上嚴絲合縫，但嚴重撞擊我慣性的認知，我完全無言以對。仁波切的論述與漢人說的「仁者無敵」一樣，也與佛法說的「空性」一致；前者是如果你慈愛一切眾生，那將沒有敵人，後者是若你明白世間的一切都是因緣聚合的現象，那就沒有真正的主客體，當然也就沒有敵我之分。

「比起瑪哈嘎拉，寺廟裡更重要的是度母[21]。所有的弟子都不用修瑪哈嘎拉，晚課改修大白傘蓋佛母[22]。」

慈悲心是仁波切最主要的教導，也是學佛路上最重要的事。

21 度母（Tara），藏傳佛教中的女性菩薩，其本質是慈悲與愛。度母被視為諸佛之母，因為諸佛從慈悲中所生，度母也被視為眾生之母，她救度一切眾生離苦得樂。

22 大白傘蓋佛母（梵文名：Sitatapatra，藏文名：Dukar），是釋迦摩尼佛所化現的女性佛菩薩，以慈愛為眾生遮擋一切不幸。

仁波切，你快樂嗎？

當來賓進入尼泊爾貢噶寺臨時居住的院落，第一個注意到的端景，應屬仁波切住處前面水泥臺上的黑色雕像，以及跪向雕像的石牛。

雕像底座有如石磨，有個排水出口朝向觀者，中央矗立一根石柱，柱子上有幾張人臉。我知道這是印度教的雕像，但不清楚他在此處出現的意涵。某日傍晚，我站在雕像旁詢問仁波切：「請問這是什麼？為什麼要放在這裡？」

「你不知道嗎？」

「這是『西瓦林伽』（Sivalinga）。西瓦（濕婆）[23]是印度教最大的神，這是他跟他老婆的性器。西瓦是這個地方的護法。」

真是令人驚奇的答案！回頭再看這組雕像，就看懂了這是男女性器結合的樣子。攝影師彥廷在旁邊聽了，不禁大笑起來，認為在佛寺裡竟有這種東西，真是太有趣了！仁波切接著說，按印度教的傳統，應該要不斷在雕像上澆水供養，只是這裡沒有安裝供水的架子。他看我們覺得新奇，便即拿起旁邊的水管往雕像上澆水。

「南無西瓦！南無西瓦！[24]」

仁波切一手往石柱（濕婆的性器）上澆水，一手不斷摩挲象徵濕婆的柱頭，一邊唸著。他故意表演給我們看，誇張的表情非常逗趣。彥廷樂不可支，

23 濕婆（Shiva），印度教三大主神之，與梵天（Brahma）、毗濕奴（Visnu）並稱。其配偶為雪山神女（Parvati，又稱烏摩天妃Uma Devi）。濕婆在佛教中，轉化為天神護法。

24 南無西瓦（Namah Sivaya），意即「禮敬濕婆」。

隨後接過水管，學仁波切「南無西瓦」的喊著。接下來的每一天，「南無西瓦」就成了彥廷笑鬧的口頭禪。

採訪的最後幾天，仁波切帶我們到尼泊爾的湖城博卡拉（Pokhara）遊覽。一日悶熱的下午，烏雲密佈，天有隱雷，時而隆隆作響。彥廷想趁著雷雨還沒降下，到泳池泡水消暑。才到泳池，就見到仁波切已經游完，在岸邊啜飲啤酒。

而後，仁波切見彥廷在池中獨游，遂也跳了下去。仁波切一邊游泳，一邊逗彥廷開心，喊著：「南無西瓦！南無西瓦！」彥廷也跟著高喊，兩人呼喚濕婆的聲音此起彼落。博卡拉湖的對面遠山上，佇立著一座當地最大的濕婆神像，襯著暮色，依稀可見他的身形、髮髻和三叉戟。

兩人游累了，並肩靠在岸邊喝啤酒。此時天色昏暗，豆大的雨滴打落下來，泳池裡投射出來的燈光在水面敲成一片模糊的漣漪。

「這個西瓦呀，是天神，只能保佑你這輩子，他對你的前世來生、解脫輪

仁波切與寺廟裡的濕婆神象徵「西瓦林伽」。牆上的照片是一位印度教的領袖，他也是仁波切的朋友。在尼泊爾，佛教與印度教相互友善，這樣的信仰交流場景，也是歷史實況。

迴痛苦沒有幫助。最重要的還是佛法僧三寶與釋迦摩尼佛。」仁波切在池子裡，乘著水的浮力放鬆搖擺，並跟身旁的彥廷這樣講。

「喂，你看上面，你看天，佛菩薩都在那裡。這個世間痛苦啊，你要發願，對他們說：『我要過去！請幫助我！請帶我走！』」彥廷聽仁波切這樣講，張開雙手，在雨中向天空喊著：「菩薩！我要來啦！請帶我走！」

隨後仁波切下潛，游到池中央、浮出水面，彥廷隨後。此時彥廷正在興頭上，大聲笑問：「仁波切，你快樂嗎？」

仁波切沉默數秒，說：「好像是快樂吧。但是眾生不快樂啊。我可以痛苦，但不要讓眾生痛苦。為了讓眾生成佛，所以我們要努力成佛。」

「而且，你看到的這一切都是假的啊，不是真實的。所有東西都是各種因緣組合起來的，是無常的。」

「不要執著這些，這些都不存在。」

天空下著雨，雨點打落在泳池水面與周遭萬物，連成一片沙沙的響聲，即便如此，他們兩人的對話卻清晰地傳到在岸上的我的耳裡。此情此景，看在我的眼裡，是覺得震撼的。彥廷應該不知道，仁波切這一切看似不經意的談話，實則傳達了大乘佛法最重要的三個核心概念：「出離心」、「菩提心」與「空性正見」。這三個核心概念被統稱為「三主要道」。

出離心是體會痛苦而立志離開輪迴，菩提心是我願度一切眾生成佛而進行佛法修持，空性正見是認知到一切的現象都不實存，心不執著，心無罣礙。佛法從兩千多年前由佛陀宣講之後輾轉相傳，歷代祖師的生平與論述，不論身教或言教，無不是在教導這些概念，謂之佛法。今日貢噶仁波切卻是在下著雨的游泳池裡，用一種Men's talk（男人間的聊天）的互動方式，傳授給彥廷。我想彥廷不會忘記這個奇特又饒富意義的經驗。以往端坐在講堂裡的佛法課程中，聽不懂的，現在應該印象深刻。

泳池中的彥廷問仁波切：「我現在的快樂是快樂嗎？」仁波切說：「只要你用對方法找到的快樂，就是真的快樂。」彥廷再問：「那什麼是對的方法？」仁波切回答：「佛法。」

仁波切再次下潛，游到彼岸，登步而上。彥廷追隨其後。兩人在黑暗中的燈光照耀下，緩步而來。

初夏的雷雨方歇，洗淨了的氤氳空氣中，可見遠處湖邊人家的燈火閃爍明滅。我想起了永嘉禪師[25]證道歌的詩句：「夢裡明明有六趣，覺後空空無大千。」一場遊戲竟是一回教導，這一切如夢似幻。

25 永嘉禪師，公元七世紀人，俗姓戴，字明道，法號玄覺，又號真覺大師。唐代的禪宗及天台宗大師，有《永嘉集》與《永嘉證道歌》傳世。

我覺得你很煩耶！

貢噶仁波切身為一位佛法上師，必須時常面對弟子們的提問。這些提問的範圍可謂無邊無際，有時令我感到詫異，不禁會想：「怎麼會拿這種問題來問上師呢？」五花八門的問題，或是與佛法相關，或是與佛法無關，不論是問題本身字面上的意義，或是提問者的背後心態——甚至可能只是希望獲得上師的關注，都反映了提問者的煩惱與痛苦。

「上師，我今天在繞塔的時候，被鳥屎滴到了。請問這是什麼意思？」

「沒有什麼意思。」

「上師，你覺得我念咒的時候要不要計數？」

「我覺得你很煩耶！」

仁波切回答完，把電話放回桌上，一如往常，沒有特別的表情。我猜想，當弟子有了直接聯絡上師的方式之後，這種問答可能不計其數，成為一位上師的日常。

「為什麼你覺得他的問題很煩？」我問仁波切。

「那些不是真正的問題。」仁波切答。

「什麼是真正的問題？」我追問。

「人生重要的問題。跟解脫輪迴有關的問題。跟修行有關的問題。」他說。

仁波切跟我說，如果對方的提問很沒意思，也要將話題帶回佛法修行的引導。他認為，弟子在佛法知識上涉獵得再多，若無法應用，那也是徒勞無功。學了佛法，重點是要實修。實修的意思，就是要能真正將佛法的思惟應用在自己的思考、自己的談吐、自己的行為，消滅自己與他人的痛苦，並增長快樂。

「佛陀說過，上師要依照弟子的智慧與能力去說法。給這個人的答覆，不一定適合另外那個人。」仁波切告訴我。

「那剛剛那位被鳥屎滴到的人所問的，可能真的是他的問題啊。」

「他沒有真正學佛的動機。我講再多也是沒有用。」

「仁波切，你的弟子背景都不一樣，像是貧富不同，他們的煩惱有所不同嗎？」

「他們的煩惱一模一樣。有錢人煩惱的，跟窮人煩惱的，沒有不同。眾生的煩惱，無非就是那些。」

與仁波切的對話，讓我思考煩惱痛苦與修行解脫的關係。我問仁波切：「有的人為了要降服煩惱，跑到深山閉關，也有的人說修行應當在紅塵，功效更大，哪一種方法更好呢？」

他回覆我，修行應該結合世間法與佛法一起修，不分開來看——即便佛陀，也是從世間的凡夫修證成佛。總歸一句：「佛法不離世間覺。」如果有人專程跑到山洞閉關修行，出關之後，為人處事依然處處起煩惱，那也是白忙一場。

「痛苦與快樂，都在自己的心，不是外面的東西，不在於金錢或是聲名。學佛的目的，就是要認識自己，找到心的自由。」仁波切說。

「那麼仁波切自己是怎麼做的呢？」我問。

「煩惱痛苦都是自己找的。痛苦的人有太多的想要與比較，他們要學會『接受』還有『當下』。」

「我自己不做太遠的計畫，因為無常，想太多是沒有用的，只會有痛苦。我認真地為每一個當下負責，所以踏實且開心。」

仁波切說，自己是一個普通的修行人，心裡平安快樂，他希望用佛法幫助在痛苦中的眾生，使之生命圓滿。對於自己所遭遇的困境，相信都是過去的業力使然，凡有不順遂，當下都是「接受」。因為他對業力因果這個道理有信心，所以透過聽聞、思考、實踐（聞思修）的方式，讓這些道理變成智慧。

「比起是不是一個好的佛教徒，更重要的是認識自己。」

「以佛法幫助自己去認識自己。這才重要。」

談愛

仁波切的中文表達不是很練達，每次講到「談戀愛」，他就會講成「談愛」。少了「戀」的「愛」，似乎少了某種纏綿；且經他這麼一說，原本私相授受的關係，好像忽然敞亮了起來。

初識仁波切時，他年方十八，身材高䠷且面容英俊。如此描述一位佛法上師，還是自己的上師，不怕冒犯，因為我不想故意將他出眾的外貌以超然的「莊嚴」一詞帶過——雖然一位上師的外表於他的佛法修為與教學毫不相干，但誠實地說，行走於人間，他確實容易受到注目。

如果他不是一位被認證的轉世上師，而是一位普通人，以他受人歡迎的外表與聰明才智，很可能從學生時代起就是風雲人物，或追求人、或被追求，總之一定不難想像。但他從童少時期，就被剃度為和尚，過著被嚴格規範的生活。

當然，現在已過不惑之年的仁波切，已經決定轉以在家上師的身分繼續傳授佛法，並與相愛的妻子共同經營生活。

基於從相識以來的好奇，藉著採訪的機會，我向仁波切問起了他的愛情觀。

「談愛是很自然的事。」

「人都需要愛，只是大多數的人不懂愛。太執著，想要緊緊抓住那個吸引我的人，這是『假愛』。」

我還沒問起「真愛」，他先談起了假愛。仁波切的意思是：基於對方的外貌、背景、權力、資源等有條件的愛，就是假的愛。真的愛是指，無條件地希望對方好，不求對方的回報，也不求對方一定要愛自己。仁波切說：「我愛的人有沒有愛我都無所謂，我都一樣地愛他，祝福他。」這樣的愛帶有信任及寬大的慈悲。

「如果有一個女人愛我，但我要她一生都不能碰我，她若不願意，這就是假愛。她想要的關係是『擁有對方』，這是出於她自己的執著，不是出於希望對方好的心。」

比如說，現在有很多的情侶，都在互相監視、互相限制，彼此缺乏信任，而那些所有的「你不能如何」，都是站在自己角度出發的語言，比起在乎對方，其實是在乎自己的表現。我執是煩惱痛苦的根本，這正是修行者要放下的東西。

仁波切跟我說了一個故事。有一位在藏傳佛教界中極有威望的前輩上師，他有一位結髮已久，且育有二女的妻子。某日，妻子跟這位上師說，她與一位西方弟子相戀，希望跟這位新歡回歐陸生活。這位上師想都沒想就同意了。他

二〇二四年師母生日當晚的派對。（攝影／林彥廷）

的妻子隨著新歡在歐洲生活了七年，後來雙方不合離異。此時的她，又想起了以前上師丈夫的好，想要回到他的身邊，但她羞於啟齒。她的朋友鼓勵她，直言那位上師非比尋常，可能會同意她回去。果然，那位上師聽到她想回來，也是不假思索地同意了。

這件事不是祕密，很多藏人都知道。從這個故事中，就可以看見那位上師對他太太是真愛；因為上師真心希望他的太太好，真心希望她快樂，且不曾將伴侶視為所有物，所以當她提出分手，他同意，當她希望復合，他也同意。也足見這位上師心靈開放的態度。

我問仁波切：「這算是開放式關係嗎？」隨即向他解釋了現代社會的多元愛情觀念。

仁波切說，寡占是人為的概念，不是自然。如果因為彼此信任的開放式愛情關係，允許愛的流動，沒有強烈的我執，非肉體欲望的濫性，或許是一個可能。他也說，如若結婚了，最理想是經營終身的婚姻關係，但如果彼此已經不適合，硬是為了面子維持假象，那也是沒意思的。戀愛與婚姻，終究是會走到生離或死別，只是時間早晚而已，不是嗎？接受無常，是修行者的必修功課。

「有人說將肉體愛欲的貪念，用修行轉化為智慧，這是可行的嗎？」

「理論上可以，但實際上不可能。」仁波切回答。

接著他又說：「如果有誰提出要跟你發生關係，來增益修行，你唯一要做的事就是快跑！沒有這種事情。任何師長都不能假借佛法的名義，跟弟子發生愛情或是性的關係。」

仁波切說，當他自己談戀愛時，從不以上師的角度跟對方相處，一定要是雙方情投意合，且平等對話。

「仁波切談過幾次戀愛呢？」

「三次。」

「她們都是怎麼樣的人？」

「她們都是慈悲的人，後來的修行也都很好。」

「仁波切曾經跟人家告白遭拒嗎？」

「有。」

「你被喜歡的人拒絕，會覺得痛苦嗎？」

「不會。」

「我的心不在那個告白失敗的情境中。」

「而且我也有方法。利用觀呼吸、觀想上師與佛菩薩，做奢摩他的禪修[26]，痛苦就會消失。禪修實相，世間萬物本來就是空的。當你去觀『你的心在哪裡』時，你將明白，心不在任何地方，本質上沒有感受痛苦的心，也沒有使你痛苦的事情。」

「而且，失戀是小事情，想想生死無常，終有一天你會死亡，你終要放下所有的一切。」

　　這一段對話，是仁波切在一次長途旅行中對我說的。他坐在汽車的副駕駛座，看著遠方景色，平平淡淡地說出口，我在後座靜靜地聽。我看向右側的窗景，原以為是廢墟的所在，細看才發現是尼泊爾人的墳場。仁波切就在死亡的不遠處為我講解愛情。

26 奢摩他（Shamatha），中譯為寂止，又稱止禪，是禪修的基本方法。修行者利用一個目標，可以是所見所聞之物，也可以是冥想的景象，將心專注其上，用以止息妄念。

我不度眾生

二〇〇一年，仁波切初次來臺公開弘法，蔚為轟動，往後的數年，幾乎所有由仁波切主持的法會現場，都座無虛席，不論是在一個民宅客廳的說法，或是在一間佛寺的大殿傳授灌頂[27]，乃至租借中學體育館進行的法會，皆是如此。後來我才知道，這些弘法的場合，都是他人為仁波切接洽安排的。當仁波切開始自己主導傳法的場次之後，規模銳減，甚至曾經低調來臺，只為了見幾位長期保有聯繫的弟子，沒有任何公開的行程。

當時我的年紀小，看著其他藏傳佛法的上師來臺，幾乎都是敲鑼打鼓、昭告天下，不明白為何貢噶仁波切不開法會。我承認，當年我甚至會在心裡嘀咕，作為一位噶瑪噶舉傳承的重要上師，貢噶仁波切是否無意積極地履行責任與義務？

有一年仁波切來臺，一處公寓規模的佛法中心邀請仁波切傳授瑪哈嘎拉[28]的灌頂。由於這個灌頂對弟子有嚴格的資格限制，且受灌頂之後餘生都要進行特定的修持，所以很少見。物以稀為貴，這場灌頂法會吸引了很多人來參加，我也在現場。仁波切在法座上，帶領大眾唱誦完畢開場的祈願文，第一句話就問：

27 灌頂（梵文：Abhisheka，藏文：Wang，英譯：Empowerment），古代印度冊立太子的儀式。佛教中保留了此儀式，上師為弟子灌頂，是啟發內在的佛性與傳授特別法門的方法。接受灌頂之後，弟子就獲得了某個法門的修持資格，也象徵將來以此法門能得到佛陀的果位。

28 此指二臂瑪哈嘎拉（Mahakala），詳見注20。

「這裡有誰做完四加行[29]？」

一般的臺灣弟子，信奉藏傳佛教者多，但實際按部就班的修行者少，仁波切的這個問題很銳利、很直接，也有點尷尬。就像是教授大學微積分之前，老師詢問在場的學生是否已經學會四則運算。果然，現場這麼多人，僅有兩三位舉手。仁波切見狀，便從法座上站起身，一言不發地離開，留下滿室愕然。這個灌頂法會就此取消。

來臺弘法的藏傳佛教上師，向來多是慈悲配合臺灣弟子的請求而傳法，和和氣氣地滿足大家的心願，我只見過貢噶仁波切如此決絕。這個事件的印象太深刻了，十餘年後的今日，我還是想問仁波切，當年怎麼會忽然起身離席？

「沒有做完四加行的人，接不到這個灌頂。大家只是在浪費時間。」

我猜想，作為一個將佛法用以點綴生活的人，在週末前往一個舒適的空間，去接受上師的傳法，像是愉快的購物行程一樣，忽然遇到貢噶仁波切這種銳利的上師，又是調查資格，又是拒絕傳法，心裡一定不是滋味。甚至可能覺得他很不慈悲，不是一個好上師。

「你不怕大家不喜歡你嗎？」我問。

「無所謂。我不要有很多弟子。」仁波切答。

「可是我聽人說，廣開法會可以讓更多眾生跟佛法結緣，就像是種一個種子。就算他此刻無意精進修行，但終有一天會開花結果，不是嗎？」我再問。

「那不是我的作法。」

「種菜不能只丟種子啊！要澆水、要施肥、要照顧，才會開花結果。我要對弟子負責，我要好好照顧他們，所以我不要很多弟子。」

29 四加行，噶瑪噶舉派的最基礎法門，分為四共加行（轉心四思惟）：人身難得、生死無常、業力因果、輪迴過患，以及四不共加行：十萬遍皈依大禮拜、十萬遍金剛薩埵懺悔法門、十萬遍獻曼達累積資糧、十萬遍上師相應法。

「我聽說許多人在擔心全世界的佛教徒人數正在減少。仁波切，你不會擔心嗎？身為上師，讓更多人相信佛法，解脫眾生身心的痛苦，不是很好嗎？」

「不擔心，順其自然。向佛菩薩祈願，自然會有安排。要是擔心信徒變少，彷彿一間公司擔心失去客戶，寺廟如果都變成公司，就失去了他的本質。而且一個上師修行好，自然會有弟子來追隨。不應該是上師去找弟子，就像醫生不會去敲門問你要不要治病。」

「不要忘記無常。誰會知道明天怎麼樣。我們能掌握的只有自己的心，外面的變化，我們大多無能為力。」

一連串的問答，給了我很多新的思考與啟發。佛法在仁波切身上呈現出來的質地，很不同於一般的上師大德。佛法告訴我們，自己的功德好處，不要特別宣揚，這樣會生起傲慢與煩惱，但是自己的過錯，是要勇於揭露跟懺悔。我所看到的貢噶仁波切，正是符合這個原則；在這個隱惡揚善、處處充滿品牌經

仁波切在清晨前往探視牧牛的弟子。（攝影／噶瑪悉樂）

營與行銷手段的網路社會，這是很難得的特質。他從不為自己辯護，也不多做解釋，他以佛法為行事準則，相信自己，做對的事。

「在究竟的層次來說，眾生跟佛的本質一樣，只是因為我們用世俗的角度來看，才把佛跟眾生看成不一樣。」

「所以，我不度眾生。」

仁波切在這個談話脈絡中說出的這句話，格外有力量。他不度眾生，不是因為他不慈悲，不是他不想幫助眾生，而是在眾生與佛平等的境界裡，不存在誰需要度誰的問題。

「那你還是一個上師嗎？」

「如果沒有眾生需要我，我就不是上師。我只是一個在底下做事的人。只有當眾生需要我，我才是上師。」

SONY
TABLE CONFERENCE
MICROPHONE

第五章

同志、通靈人、黑皮膚的佛

Gay 也會成佛

尼泊爾政府在二〇二三年十一月底開始承認同性婚姻，這是繼臺灣之後的亞洲第二。我聽朋友談起這個資訊，很是驚訝，沒想到一個以印度教為主流的傳統社會，在法制上的性別平等竟然走得如此前面。

一日，我與仁波切談及這個令我意外的消息，也問起他對於同性戀的看法。其實，提此一問，讓人有點緊張；我想起了臺灣宗教界對同性婚姻的眾聲喧嘩與攻訐，不知道眼前這位異性戀上師會怎麼回答？只見他淡淡地說：「很自然的事情。很正常。」

「我有一些同性戀的弟子，他們覺得自己跟其他人不一樣，很煩惱。他們問我能不能來當佛弟子？」「我說：『當然沒問題。』」

仁波切難得談興大發，接著說道：「從佛法的角度看待愛情，重點在於是否有執著，因為執著產生煩惱，煩惱會帶來痛苦，這才是應該處理的課題，至於性向，在這裡一點也不重要。佛陀一生所說的法裡面，沒有一條限制同性戀愛，也不存在『身為同性戀業障就比較重』的這種謬論。」

學佛與修行沒有任何門檻，當然也沒有性別或性向等條件。成佛是以「心」去悟道成佛，不論你的性別或性向認同如何，心都是一樣的，是平等的。

我反問仁波切，當初臺灣的同性婚姻要立法時，曾有幾位漢傳佛教的法師公開反對同婚，甚至引用佛法作為自己反對的依據。他們聲勢浩大地串連起來，穿著僧服站出來開記者會，在媒體面前疾呼他們才是佛教界的聲音。關於此，仁波切又怎麼看？

「我不同意。那不是佛法。」

仁波切說，如果那些法師是以個人名義反同，那是他們自己的選擇，他管不著；但如果那些法師打著佛法的名義反同，即是在做違背佛法、傷害佛法的事，他絕對不同意。「如果他們不接受，歡迎到尼泊爾來找我辯論！」仁波切甚至這樣說。

對人對事，仁波切向來淡泊，也不喜批評，今天意外談起同性戀，居然引發他的談興，加之如此明確且刻意的表態，想來是因為這個討論涉及佛法中最基本的原則——平等。佛法要傳遞的是眾生平等的價值，如果有人以佛法之名，行歧視之事，身為傳法上師的他，必須站出來發聲。

我跟仁波切說，也不是全部的臺灣漢傳法師都反同，當然也有支持的聲音。有一位比丘尼法師，不只聲援同志、支持同婚，她更穿起袈裟，在佛寺大殿裡為女同志證婚並給予祝福；她是有史以來第一位為同志證婚的法師。仁波切聽了很是讚嘆，他說：「這是真正菩薩的行為。」

「Gay也會成佛啊。印度的八十四大成就者[30]裡面，可能就有Gay。反對的人又怎麼知道沒有？」

仁波切的中文稚拙，他為了證明同性戀與異性戀在佛法面前無異的論點，忽然發此一語，更顯得真誠。

佛法中有個詞彙叫做「如母有情」，意指輪迴中的所有眾生，在漫長反覆生死的過程裡，每一位都曾經當過我們的母親。如母有情一詞，通常用於激發人們心中對眾生的大愛，基於這樣廣大的時空概念下去推論，有同性戀者修證成佛，邏輯是成立的。仁波切就是從這般脈絡下去相信與支持。

30 西元八世紀到十一世紀，印度的佛教修行成道者中，有八十四位特別受到推崇，統稱為八十四大成就者。他們之中包括了男性與女性，有出家僧人，也有許多不同社會階層的在家居士。

他在缽狀的黃銅香爐裡放入一塊香炭，推開火柴盒，拿出一支火柴，劃出火光，迅速點燃香炭的邊角。接著在炭上放一些帶著油脂的柏木碎屑。他的眼神專注，動作很熟練。不一會，白色的香煙竄起，直衝上方，煙霧在碰到天花板後翻捲向下。仁波切用柏樹枝輕輕翻攪火爐，讓香煙均勻遍布，而後他望著眼前的虛空。

「釋迦摩尼佛說過，講經的人要瞭解眾生現在的情況，知道眾生的痛苦，當眾生的朋友，才知道怎麼幫助眾生解脫。」

「之前我不知道同性戀這麼辛苦耶。以後寺廟蓋好了，我想開一個特別的法會，一個禮拜的那種，歡迎大家都來，白天講經，晚上開派對。特別是給心裡難過的人，都來。」

「如果有其他佛教徒批評這種法會，會不會不太好？」

「隨便他們。他們不高興，我也沒辦法，但我們要活得快樂。」

不確定仁波切知道不知道，Gay的英文詞義，除了是「同性戀」，更原始的意義則是「快樂的」，與Happy同義。

鬼神帶來的通靈人

一日晴朗的早晨，我按計畫，前往仁波切的會客室與他相談，不意有訪客到來，我便在外頭的車棚跟仁波切的侍者聊天稍候。來賓是兩位尼泊爾女士，似乎是寺裡面動物飼料的廠商，我從窗外看到只有一位在與仁波切說話。

約莫一個多小時後，會客室裡的那位女士帶著優雅的微笑告辭，仁波切站在門邊揮手致意。她的打扮很整齊，濃密烏黑的頭髮在腦後紮成粗大的辮子，穿著湖水綠的尼泊爾女性傳統服飾，飄垂的衣服布面上，綴滿了金色圓圈的圖樣。手挽精緻的灰色皮包，腳穿黑亮的女士皮鞋，上面有金色的扣環，看起來頗有富貴人家的氣息。

我隨仁波切進入會客室，還沒坐下，仁波切就跟我說：「剛剛那個女生，不是普通人耶。」我問是否是當地的望族？仁波切說不是，「有鬼神會進去她的身體裡講話。」沒想到她是一位通靈人。仁波切說，三年前她被附身，附在她身上的神靈要她到貢噶寺來拜師，因此結緣。

仁波切將他自己的手機遞給我看，一段影片正在播放。

影片中的背景就是我們所在的會客室，看來是剛剛攝錄的。那位女士坐在左側窗邊的長椅，雙手合放腿上，雙手的拇指不停轉繞，她以尼泊爾語飛快地說話，仁波切坐在主位，側著身，蹙眉傾聽。

她說話的語氣愈來愈急切，身體開始前後搖晃，言語到激烈處，便開始淒厲地哭了起來。原本合起放在腿上的雙手，像是握著什麼東西似的，開始猛烈地晃動，看起來好像抓著一隻將要逃脫的鳥，在空中到處揮舞，伴隨著她的哭聲，她的頭忽然迅速地向左右水平轉動，整個身體激動到幾乎從座位上彈跳起來。這個畫面極為詭異，她以不正常的大動作，仰天長嘯，像是在哭訴些什麼悲痛的事。

仁波切跟我解釋，當時她已經被附身，該神靈自稱瑪哈嘎哩（Mahakali），因為心裡很痛苦，所以要這位女士帶她來求助於仁波切。

「她的痛苦是什麼呢？」我問仁波切。

仁波切說，有一戶尼泊爾人家曾答應這個神靈，要為她蓋廟，並且每天進行供養，但後來卻沒有做到。女神靈在人間流浪很久了，她為這戶人家達成了某些願望，圖的就是一處棲身之所，以及每日的供奉，現在不僅覺得被騙，還要繼續面對流浪的日子，悲怒交加。

「她說，她很生氣，她要去殺了他們全家。」

當下我只覺得這個詛咒令人戰慄。

穢跡金剛火供，仁波切專注念誦。（攝影／林彥廷）

影片裡，仁波切用尼泊爾語大聲地喝叱，我從沒見過仁波切如此威肅的模樣。那位女士講到激動處，倏然暴起要攻擊仁波切。仁波切搶先一步向前，以雙手按住她的肩膀，命她坐下。她淒厲地哭，仁波切也不斷地對她講話。我問仁波切，你們在說什麼？

「我要她絕對不可以去傷害那戶人家。」

「她會痛苦，是因為她過去的惡業，現在如果再做壞事，苦難就會沒完沒了。」

「我跟她說：『你的方向是佛法！你的目標是成佛！你要做的事情是幫助眾生！我可以為你皈依三寶。如果你沒地方住，可以來住寺廟，我收留你，但是你要當這裡的護法神。在這裡，你每天都有東西吃。』」

影片中的女人逐漸平息下來。此番大悲大怒地哭喊，讓她氣息不勻，依然抽噎不已。仁波切將手放在她的頭頂上為她加持。隨後，她便繼續說話。我看

大寶法王噶瑪巴所繪之蓮花生大士法相。

完影片，將手機還給仁波切，心裡依然很震驚，彷彿看了前一刻就在同樣空間上演的恐怖電影。

仁波切告訴我，那個神靈活在不安與嗔恨裡，很痛苦，沒有方向。那個女人也很痛苦，被附身時失去自主意識，當神靈離開她的身體後，她又全然不知方才的經歷，這樣不由自主地被看不見的他者霸占身體，讓她恐懼。

「還有其他這樣的人來找你幫忙嗎？」我問仁波切。

「很多。」他答。我問其他的例子，仁波切只說：「這不重要。」我不死心繼續追問，並非想要獵奇，我認為這些故事的背後蘊含佛法的平等與慈悲，這是值得瞭解的層次。

仁波切於是說，以前住在印度時，從智慧林寺前往德里的路上，有一家洗車場，他曾在那裡遇到一位女通靈人前來求助。神靈告訴這個女人，仁波切是她的上師，要她當仁波切的護法。此後，仁波切每一次經過這家洗車場，就會來探望她，並講授佛法。這位印度女通靈人原先便有許多信眾，也都在這樣的因緣下，皈依了佛教。

在佛法的理解中，敬拜世間的鬼神，可能會帶來若干現世的利益，像是保佑生意興隆，但根本而言，就算賺更多的錢，依舊無法解決心中的痛苦；反使貪念愈養愈大，加劇原本的問題。這些鬼神或通靈人，哪怕已經掌握了比常人更多的力量，但還是苦，唯有依佛法、從心下手，解開自己的執著，方可能解脫。

佛教說的眾生[31]有各種不同的型態，我向來只看到仁波切與人乃至動物互動，沒想過仁波切也在處理無形眾生的痛苦。在煩惱面前，六道眾生平等，都

31 眾生，又稱有情，凡有心識者都是眾生，形體各異。眾生因為業力而在六道中輪迴。六道包括：天道、阿修羅道、人道、地獄道、餓鬼道、畜生道。

在各自受苦；在佛法面前，六道眾生也是平等的，都可以受惠。仁波切度人，也度鬼神，人鬼之間在佛菩薩的眼中並沒有區別。

西元八世紀時的蓮花生大士，應藏王之邀，從印度到藏地弘法。根據蓮花生大士的傳記所載，他在北向翻過喜馬拉雅山的路途中，歷經辛苦，降妖伏魔，大展神通，故事之精彩，不亞於後世漢人的《西遊記》。

在我親見了貢噶仁波切對於前來求助的鬼神與靈媒，曉以道理，施以撫慰，為了對方的長遠安樂，會喝罵，也給予庇護，我終於明白：身為眾生上師的蓮師，不是以自己為本位去降服鬼神——他是一位無我的成就者，又何須彰顯自我？事實是沿路上的鬼神，各有各的痛苦，各自被情緒念頭所牽制，不得自由，直到遇到了蓮師，才被他以慈悲心度化；度化的方法與故事各有不同，但其本質無非是「愛」，希望一切眾生不再痛苦、得到快樂的大愛。

仁波切撫慰了那位自稱瑪哈嘎哩的女神之苦，也幫助了受瑪哈嘎哩影響生活的尼泊爾女通靈人。當天下午，那位女士帶著她的三個孩子，再度回寺拜見仁波切，仁波切請他們享用甜食。小男孩拿著仁波切遞給他的巧克力豆餅乾、怯生生地笑著。會客室外面，也有一爐正在燒的煙供[32]，供養那位久在輪迴中飄盪的女神。

32 藏傳佛教中的「餗」（Sur）煙供，以佛法慈悲的力量，加持燒化食物的煙，以供養鬼神。

馬路比佛塔重要

仁波切嫻熟佛法的原則判準，不僅在修行上有所成，這也使他在看待世事、處理世務都遊刃有餘。像他這樣的修行者，給人一種從容自在的感受。佛法固然是他的精神核心，但他在行動上，也支持普世價值（Universal value）——縱然可能無法用科學定義描述，然而在實踐上，就像他自己常說的：「先當一個好人，才是一個佛弟子。」

一個五月的春日裡，我隨同仁波切前往尼泊爾國境極東、鄰近印度大吉嶺（Darjeeling）的一個小鎮伊蘭（Ilam）傳法。回程的路上，汽車沿著尚可煦河

（Sun Koshi River）邊的蜿蜒山路向加德滿都行進。在一處連續上坡彎道之後，左側的石壁上，忽有一大片櫛比鱗次的銀亮閃光，非常引人注目。當車輛駛近，我看出這一大片的閃亮物體，是許許多多大小形狀各異的鏡子，這千百面鏡子從不同角度輪流反射太陽光，燦爛非常。不知道是誰、為了什麼，在此荒僻的石壁上掛滿了鏡子。

仁波切請司機在鏡子石壁中段的一間小廟停下。這是一處用紅色鐵皮在路邊搭建起來的小屋子，寬不過五、六公尺。仁波切拿出幾張紙鈔，輕觸了額頭之後，交給廟方人員，並以尼泊爾語與之談話。

再次啟程之後，我難掩好奇，請問仁波切那間廟的來歷。

「以前這條山路上車禍不斷，死傷很多人。後來大家在這裡放鏡子，經過的人看到，就不再有車禍。」

談話間，車又開過了一段山路，仁波切再次請司機停下。我回神看前方的路況，只見仁波切跳下車，往對向車道走過去。對向車道的外側是山谷，山谷邊的護欄內，有一位流浪的老人。老人的膚色黝黑，衣著襤褸，腳下的塑膠拖鞋已經幾乎被踩扁磨平，他將枴杖與背袋放在腳邊，蹲坐在他的大行囊上。他不知從何處來，要往何處去，也不知道走了多久，烈日當空，他就在毫無遮蔽的路邊休息。仁波切走近，將紙鈔遞給他之後，駐足跟他聊了起來。

後來，我沒有問仁波切關於流浪者的細節，而是就方才的幾個畫面，在心中來回地想。

在臺灣，我們偶爾也會在多事故的地點見到類似前述的小廟，偶爾也會見到路邊貧苦的流浪者，然而，我們是否願意駐足布施，或跟他們聊上兩句呢？每天嘴裡唸著「願利一切有情眾生」的佛弟子，是否有具體支持這個世界的善意？或是停下來給需要的人一些幫助？甚至，我們是否有勇氣去對這一切好奇呢？

仁波切在山路上與流浪者交談。（攝影／噶瑪悉樂）

這次在尼泊爾採訪的過程中，幾位臺灣朋友陸續來訪，其中一位是郁茹，她在臺灣的非營利組織工作。郁茹第一次來尼泊爾，也是第一次接觸藏傳佛教，當我們走訪加德滿都的佛教名勝時，她不解地向我提出兩個疑問：

「尼泊爾的基本生活條件很不好，但是這裡的藏傳佛教組織，怎麼好像不太從事社會救濟？」以及「為什麼很常聽到藏傳佛教的僧人還俗？」

我試圖回覆郁茹，但因為涉及跨文化的說明，一時半刻的舉證，難以讓她產生共鳴。我們驅車上山，郁茹隨我在貢噶寺裡住下，一連數日，郁茹跟山上的孩子們與工作人員聊天相處，感覺非常愉快。我為她介紹，這些工作人員，特別是仁波切的幾位侍者，都是你提到過的「還俗的僧人」。

一日，仁波切請其中侍者孟色（Munsel）驅車，載著仁波切、侍者瑟威（Serweo）、郁茹與我到隔壁山頭遊覽。在車上，我們聊起了二〇一五年尼泊爾大地震的慘況。當年四月與五月，各有一次超過七級的大地震，這場毀天滅地的災難，震倒了加德滿都谷地近九成的建築物，大大小小的古蹟與寺廟坍塌，總死亡人數近八千人。

「我記得仁波切在這次的地震之後，捐了很多錢給尼泊爾政府，對嗎？」

「全部的錢都捐了。五十萬美金。原本要蓋寺廟的錢，全部捐出去。」

「全部？」

「對。」

「有些老喇嘛罵我：『那麼多佛寺倒塌，為什麼不先救佛寺，為什麼捐給政府？』」

「那你怎麼說？」

「佛寺不重要，救人比較重要。」

我知道當年仁波切曾捐助震災，但不知道是散盡積蓄。當時的他還沒到尼泊爾落腳，弟子也尚未協助購置尼泊爾貢噶寺的土地，他跟尼泊爾的緣分，還只停留在少年時期偶爾到訪，但他為了救災，付出了全部。

「仁波切覺得公共的事情、大家的事情，比佛寺重要，是嗎？」

「對。」

聊到公共的事情，仁波切想起一個故事。曾有一群僧人忿忿地來到貢噶寺向他陳情，希望他出面帶動抗議連署。因為政府規劃新路，要求遷移一座佛塔，僧人們則以宗教的理由，希望能原地保留佛塔。仁波切聽完他們的訴求，果斷地拒絕了連署。

「為什麼？」

「因為馬路比佛塔重要。」

「那只是一座二十年的佛塔，但是住在那邊的人需要馬路。塔移到旁邊，大家還是可以去拜。塔不移開，大家都沒有路走。」

前來陳情的僧人們沒有想到，貢噶仁波切支持政府開路並遷移佛塔。他們大概以為身為上師的貢噶仁波切，會將佛法事務無條件放在首位，並支持他們的抗議。沒想到恰好相反。

對於社會底層貧病的救助，仁波切曾說過，他的初心不是興建佛寺，而是蓋育幼院與老人院，救助孤苦無依的人。回首來時路，仁波切也貫徹實踐自己的發願：「先當一個好人，才是一個佛弟子。」

幾天後，郁茹臨下山前與我閒聊。這幾日在貢噶寺的生活，以及與仁波切的談話，給了她許多啟發。她提起日前的兩個疑問，現在心裡有了答案。

在尼泊爾本地的藏傳佛教僧人，多半從小受環境所迫，為求溫飽，與謀得受教育的機會，而到寺廟出家；寺廟或可說是扮演了育幼院的角色。小僧人習得語言與專長，成年之後，才自己決定要繼續為僧，或是還俗生活。即便他們還俗，寺廟教育的慈悲與智慧，也成了他們的精神資產。而在臺灣的漢傳佛教僧人，多半都是在俗世長大，成人之後，才在各自的生命境遇中決定出家。兩者的生命軌跡，前者是以出家為出發，後者是以出家為歸途，不能等量齊觀。

「還有，我發現，藏傳佛教的社會救濟事業，不像臺灣是基金會執行。他們的存在，本身就包含了社會救濟的功能。像是仁波切的公共心與行動，寺廟收養及教育小孩，就是如此。」

郁茹以藏傳佛教的局外人，在偶然的機會裡，提出銳利的提問與觀察；這是很珍貴的一次見證。

黑皮膚的佛

初次到訪尼泊爾貢噶寺的機緣，是在二〇二四年的一月份，貢噶仁波切生日的時候。迎接我的朋友帶我從加德滿都市區上山，約莫需要四十分鐘的車程。車程最後一段山路特別美，群山秀麗，當我正在品味此地的風景時，帶路的朋友指著對面山頭說：「那就是貢噶寺！」一座興建中的水泥色殿堂矗立在山頭，遠遠即可看見。

車子再往前開，路面變得非常顛簸，進入了建築工地的路段，隨後見到一整片綠色的風馬（Lungta）旗海，旗子的盡頭就是貢噶寺的臨時山門。守衛將大門打開，吉普車駛入院落，院內鋪了平穩的地磚，幾間一層樓的房屋圍繞著一個小廣場，廣場彼端是一個大旗座，三層樓高的旗杆頂上，一幅藍色的貢噶傳承旗幟飄揚。

院落內，許多小孩好奇地看著我們，他們都是貢噶寺裡的學生，有男有女，都穿著藏式僧服。隨後幾個年紀較長的學生，將年紀小的孩子們趕去教室上課。其中有一位十多歲的少年，格外引起我的注意。他的膚色比其他人都要深，五官輪廓介於印度人跟藏人之間，有印度人的高鼻深目，也有藏人面孔的柔和線條。最特殊的一點是，每隔一下子，他的頭會不自主地向側邊抖動起來。我猜想他可能是患有妥瑞氏症（Tourette's syndrome）的孩子。

許是在第一天就對那位膚色黝黑的少年留下印象，所以接下來的幾日，我覺得特別常見到他。看著他側耳專心聽人說話時，頭會抖動，他自己開口說話時，頭也會抖動，當他獨自抱著書、默默走在路上，形單影隻的背影，也是如

尼泊爾貢噶寺大殿的釋迦摩尼佛像。依仁波切的指示，不按藏式傳統塑造塗金，屬古犍陀羅風格造像。（攝影／噶瑪悉樂）

此。

「如果是在臺灣，這個孩子不知道會不會被同儕歧視或欺負？」

「在臺灣的環境，或許還好一點。在尼泊爾的話，歧視的情況會更糟也說不定。」

我每天看到他，都這樣默想一回。

仁波切生日的那一天，寺裡面舉辦餐會，廣場上搭了一個舞臺，讓所有人輪流上臺表演才藝。許多平時看起來害羞木訥的孩子，在這種場合卻很大方。平時看他們誦經拜佛，行雲流水，沒想到也有這樣活潑的一面。幾番表演之後，側對舞臺的我，忽然聽到孩子們爆出一陣歡呼，夾雜著鼓掌、呼叫與口哨，像是拱著巨星出場一般。我轉頭一看，正是那位黝黑的少年！

他在大家的歡呼中上臺，害羞地摸了摸他自己圓圓的後腦杓，頭依然不止地抖動。後臺的電子音樂一下，他隨即開始一段非常華麗的饒舌（Rap）歌唱表

師母的慶生會午餐，孩子們排隊取餐。今天的菜色特別好。（攝影／林彥廷）

演！據說歌詞是為仁波切祝賀生日快樂而寫的，他的表演很有感染力，全場氣氛為之歡騰。

我低聲問了鄰座的朗日喇嘛，這位少年叫什麼名字？喇嘛說，他叫「班匝咕嚕（Benza Guru）」，是仁波切早年從錫金收養回來的幾個孩子之一。

「班匝咕嚕」這個詞，實在罕見於人名。這個發音是梵文，班匝是金剛，咕嚕是上師，合稱起來的意思是金剛上師，也就是藏傳佛教中鼎鼎大名的蓮花生大士的別稱。這個少年的背景不知為何？怎麼用上了這麼有份量的名字？

我還在思索，班匝咕嚕的表演就結束了，全場的歡呼到了高點。饒舌音樂一停，他又回到了那個害羞的樣子，晃著腦袋，走下了舞臺。

隔幾日，我向朗日喇嘛問起了班匝咕嚕的故事。原來他是仁波切還在印度智慧林寺時期收養的孩子，那應該是二〇一五年之前的事。

當年，仁波切受邀到錫金弘法，法會閒暇的時候，仁波切就帶侍者走訪當地的貧困村落。當地有一位常駐的老喇嘛叫噶瑪札西（Karma Tashi），經常鼓勵村民不要虛度人生，趁早學佛修行。當貢噶仁波切四處走訪，就有村民盼望仁波切收留他們的孩子、帶到佛學院去深造。因此，仁波切真的收養了幾個窮困家庭的小孩。

其中有一位孩子——後來被仁波切命名為阿彌答巴（Amitabha），阿彌答巴的父母跟仁波切說，有一戶人家，困苦的祖母獨力照顧幼孫，生活環境很糟，三餐無以為繼，懇請仁波切前往他們家探視。

「那個小孩的父母呢？」仁波切問阿彌答巴的家人。

「他的父親是錫金當地人，長年酗酒，睡街頭流浪，偶爾到修路工班做粗活、打零工。母親是修路工班的印度人。他們倆相好之後，女人懷孕了，工頭很生氣，一個大肚子的女人怎麼做事呢？工頭要女人把孩子生下來，交給男人撫養。」

「孩子是生下來了，但男方連自己都養不起，於是將小孩交給自己的母親、也就是小孩的祖母。祖母白天要種田，清早餵小孩喝奶之後，就將孩子鎖在籠裡，直到天黑才回去餵食。」

朗日喇嘛回憶當年看見班匝咕嚕的那一天，他對我說：「那個孩子，是被關在狗籠一樣的地方養的啊！」班匝咕嚕受到的待遇簡直非人，一個不被當人養的小孩，看到陌生人，全身都在顫抖。

祖母見了仁波切，主動請求仁波切收養小孩，將孩子帶走。仁波切即刻答應，簽下收養文件，並由朗日喇嘛抱起小孩。小小的班匝咕嚕在喇嘛懷裡，依然抖個不停。

仁波切此行在錫金收養了九個小孩，比較年長的四位，帶回智慧林寺讀書生活，其餘五個年紀尚幼，就託付給仁波切的父母親代為照顧，班匝咕嚕就是其一。後來，仁波切安排他們到印度的一般學校上課，直到仁波切在二〇一五年底搬到尼泊爾，他們也隨之而來。

班匝咕嚕原先在一般學校裡，但他嚮往修行的生活，所以主動跟仁波切表示，希望出家為僧，到佛寺裡學習。所以在二〇一八年時，仁波切安排班匝咕嚕在加德滿都的普拉哈里寺（Pullahari Monastery）出家受戒，而後在二〇二〇年左右，尼泊爾貢噶寺有了初步的建設，才將班匝咕嚕接回山上生活。

「他現在的健康與生活都還好嗎？」我問朗日喇嘛。

「越來越好。尤其是學習能力，特別優秀。不論是語言能力、法事儀軌、法器樂器，都比其他人還要傑出。」

聽到這裡，我的心裡非常感動。那原是一個社會邊緣的棄嬰，不被當人養的小孩啊，如果當年仁波切沒有與他相遇，他能否活到今日都是未知數。

貢噶寺興建中的大殿裡，有一尊釋迦摩尼佛的坐像。這尊佛像的每一個細節都是仁波切設計的。仁波切不隨傳統為佛像塗金，卻請工匠將佛像漆為黑色的。黑色身體的佛像並不常見，我問仁波切，為什麼要這麼做？

「釋迦牟尼佛是印度人啊[33]，膚色比較黑。」

仁波切走往其他地方巡視的時候，我獨自留在大殿工地裡，看著三層樓高的黑色的佛陀。不知道當班匝咕嚕看到佛像的時候，會有什麼感覺？在這裡成長的他，或許會很自然地知道：

「寶座上的佛陀，不一定都是金色的，在我的寺廟裡，大殿的佛陀身色就跟我一樣。」

「佛陀由人修成；而我，也有成佛的本質。」

33 釋迦摩尼佛生於古代天竺的迦毘羅衛城（Kapilavastu）。

第六章

如果你要跟我學

要如何看待「上師」？

「為什麼要追隨上師學習佛法呢？」我問仁波切。

「就像你生病要去看醫生一樣。當你意識到了生命的困苦，希望從佛法尋求解脫的道路，那就要跟隨上師學習。」

「但佛陀也說過：『我為你指引明路，要不要走，還是端看自己。』跟隨上師只是第一步，接下來更重要的還是自己的實修；光有一個好上師不夠，還是需要個人的努力。」

「那要怎麼選擇上師呢？」我繼續問。

「選擇一個上師，不是看長相或是神通力，要看他是否真的對眾生具有『慈悲心』。有慈悲心的上師，才能帶領你走向解脫。不用是有名的法王或仁波切，也不一定是出家人或在家居士，只要是有真正慈悲心的善知識，都可以是上師。」

「上師也要觀察弟子，看弟子是不是對佛法有虔敬心，是否真有想要解脫輪迴的決心，以及需要明白他為什麼來學佛。」

藏傳佛教特別強調上師的帶領，但在選擇上師時，往往難有明確的判準，仁波切提供了幾個重要的原則。我接著請教他，他自己身為一位上師，除了慈悲心，還有什麼樣的自我期許？

「我要真誠，不要作假。表裡如一很重要，不要表演，也沒有顧忌。我就是我，人家看了，喜歡或不喜歡都可以。真正的上師，是要帶領弟子走上解脫的路，表裡不一的人沒有辦法做到，作假也不是佛法。」

仁波切對弟子的指導向來十分簡單直接，他不希望弟子博聞強記一大堆佛法理論，但是在生活中半點用不上。

「學得少沒關係，實修最重要。」他這樣說。

實修就是實際修持，是指真正將佛法的理念落實在起心動念與言行舉止的每一刻。例如，有一種修行的方法叫做「供養」，望文生義的理解，無非就是將資源貢獻給佛菩薩、上師、佛寺或是僧團，但為何供養？佛菩薩需要我們擺在桌上的這些東西嗎？這個行為的意義何在？一般人並不清楚。

仁波切說，執著是我們煩惱的根源，而「供養」正是斷除自己執著的方法。當我們實修供養，就是將自己貪執的東西呈獻給佛菩薩——一個純善的對方，不論是真實的資財或能力，一旦開始斷除貪念，愈能放下，心就愈自由，這即是一種解脫。供養不是跟佛菩薩或是上師交易，那只會愈來愈貪，愈來愈執著；真正的供養，是自己的修行手段，建立在信任與不求回報的基

微笑的孩子（攝影／貢噶仁波切）

礎上。

曾有一位弟子想要供養仁波切，邀請他外出採購。當他們走在街上，仁波切忽然指著櫥窗說：「我要這雙拖鞋。」

她一看標價，驚訝地說：「仁波切，你為什麼會需要這麼貴的拖鞋?!」

仁波切平淡地回應：「那你為什麼會需要拿一個幾萬美元的包包？」

這位弟子的驚訝，可以見得她雖然想供養，但不明白供養真正的意義。仁波切並非真的需要昂貴的精品拖鞋，他利用這個場景，讓弟子看見自己認知與行為的落差。要先知道，才可能做到。

提到供養上師，仁波切說，他生平購買的第一輛車是福特的吉普車，有了車之後，出入都很方便。新車開了兩週，他忽然得知大寶法王需要用車，便立即將車供養給法王，半點不遲疑。

「就算我的上師跟我開口要一輛跑車，我也會想辦法買給他，不會過問他要車的情由，因為我純粹地相信，他必定會以此去利益眾生。」

「如果那個上師嘴上說不執著，要利益眾生，卻又很享受地開跑車呢？」

「那就是一個騙人的上師了。」仁波切笑著說。

仁波切回到最初的話題，強調：「所以，一開始好好觀察上師真的很重要，看他是否具有慈悲心、明確的傳承，以及好的聞思修歷練。」弟子值得花很長的一段時間去觀察一位上師，看他是否真誠、正直且具有慈悲心。當你確認這位上師的修行品質之後，跟隨他學法，就不要有過多懷疑，倘若朝三暮四地想換上師，對修行無益。

「藏人沒有在換上師的，確認了一位上師之後，就是跟著他精進地修行。我們不會去細究上師的生活舉止，找出各種毛病批評他。這樣不是修行。」

「就像你跟父母的關係，不會因為父母的生活習慣跟你不同，就否認彼此的親子關係。是吧！」

「對啊，上師還能觀察與挑選呢！要生作誰的孩子，就沒得自己挑了。」

仁波切聽了我的回覆，不禁笑了起來。

養狗、護生、早睡早起、能否喝酒？

養狗

仁波切很喜歡動物，他在貢噶寺內養了十隻狗，各有各的職司。可愛的小型犬養在尼眾的院落裡，跟女孩們作伴。幾隻狼犬在寺中的山頭逡巡——他們機警溫馴但不躁動。還有一隻沙皮狗喚做「古哦」（Kungo），專門守在仁波切住處門前，只許仁波切夫婦與侍者通過。

土黃色的古哦很愛仁波切，總想跟著仁波切一起行動，所以起先仁波切讓他住在室內，但古哦的打呼聲實在太大，沒有人可以跟他同室而眠，他的床鋪只得移到玄關。古哦站在門前，像是自己挑起了守門的工作，只要是外人接近，他就會撲上狠咬。所幸，他的牙齒不太好，被咬的人通常只是虛驚一場。當他坐在仁波切身邊時，會抬頭看著仁波切，希望仁波切拍拍他的身體，然後一臉滿足。

仁波切也請人照顧寺外的十隻流浪狗，讓他們有飲食與休息的地方。照顧流浪狗是仁波切長年的行動，自從他二〇〇五年在印度智慧林寺圓滿三年閉關之後，就在附近找地方，請專人照顧二十幾隻流浪狗。仁波切夫人的娘家也很愛護動物，每日白天去斯瓦揚布納特附近照顧猴群，晚上照顧流浪狗，三十年不曾間斷。

仁波切說：「建議修行人要養狗，培養慈悲心與愛心。」動物與飼主之間，不會爭風吃醋，彼此給予不自私的愛，這是很好的練習。仁波切也說，當我們

下課時間，剛剛來到寺廟的宗喀巴還沒領到制服，追著小狗玩耍。（攝影／林彥廷）

看到流浪動物時，不能對他們的苦無動於衷，同情之後，也要學著行動，試著改善受苦眾生的處境。當我們確實地感受到眾生都是想要脫離痛苦、享受安樂，那麼我們才有機會進一步發起救度眾生的願心。

護生

虔誠信仰佛法的藏人，過去因為地理因素，向來有吃肉的習慣，但絕不貪多，也不宰殺小型生命，以免過度殺生。在藏地的牧民生活，肉食比蔬食方便，所以長久以來維持這樣的傳統，但若已移居到蔬食豐富的尼泊爾，就沒有理由繼續以動物肉為主食。

仁波切說，最初的佛教沒有吃素的制度，古代僧人必須托缽乞食，施主提供任何食物都要歡喜接受，不論葷食或素食。我們現在吃素，是為了減少殺生，吃動物的肉沒有任何善的可能，都在跟這些被吃的眾生結惡緣，造下互相啖食的業。

「那麼，仁波切也會避免吃蔥蒜等五辛嗎？」我如此提問，是因為漢傳佛教中，蔥、蒜、韭菜、洋蔥、路蕎等有強烈氣味跟刺激性的蔬菜，生食有濃重的氣味，熟食容易引發慾念，所以也被視為葷食。

「尼泊爾的菜餚很常加五辛，但我希望未來盡量不要吃。吃了蔥蒜之後，的確會讓我覺得不大清明。」

仁波切建議，吃素是好事，但是有些人在素食的定義上極為嚴格，甚至在生活上造成很多煩惱，這就顯得矯枉過正而不必要了。而且吃素也不宜給其他人造成壓力，畢竟這僅是個人實踐佛法生活理念的選擇。

吃素的初心，是為了減少殺戮，是不忍眾生受苦；仁波切認為，放生也一樣，為的是不忍眾生受到死亡的煎熬。仁波切鼓勵我們去救出那些原定要被宰殺的生命，但須拒買那些為了放生儀式而被捕捉或豢養的動物。

早睡早起

在本書的採訪期間，仁波切通常都在早晨七點來訊，確認今日訪談的時間。有一天，仁波切忽然問起我幾點起床，我很有自信地回答：「大概都是六點半，以便準備早晨的訪談。」

沒想到仁波切說：「你這麼晚才起床啊？」

「這樣算晚嗎？我在臺灣都睡得更晚呢！」

「你應該要在天還沒亮就起床，準備迎接第一道曙光，對著太陽供水。」

說完仁波切站起身，假裝雙手捧著杯子、面向曙光，並將雙手舉高，將手中虛擬的杯子徐徐向前傾，彷彿杯中的水傾洩而下。仁波切看了看我，點點頭，得意的笑容中表現了有為者亦若是的樣子。

「尊重太陽，尊重今天可以活動的時間，你所做的事情才會順利！」

「我認為現代人的許多疾病，都是因為作息不正常導致的。白天該醒的時候還在睡，晚上該睡的時候又醒著，日夜顛倒，有礙健康。」

能否喝酒？

還俗後的仁波切偶爾飲酒，有些在寺裡學習的少年看到就想偷偷學著喝。有一天，仁波切擺酒出來，邀請那些好奇的孩子們過來嘗試。仁波切為他們斟酒，讓他們一飲而盡。他們沒想到酒是這麼苦辣，而且飲酒之後的發暈、身心失控，以及嘔吐宿醉等，更是讓他們吃足苦頭。

等這些少年酒醒後，仁波切問他們要不要再喝？沒有一個人願意再度嘗試。仁波切跟他們說：「你們如果想要學我，那就不要只學飲酒，而是要學我的一切，包括我的歷練與心境！」

關於佛教的酒戒，仁波切認為，酒的本身沒有好壞，而是人們誤用了酒，讓酒迷亂了心智，導致言行悖亂，這才是不對的。倘若飲酒之後依然自持，身心不受干擾，就沒有問題——只是這樣的人實在太少，所以才會有禁酒這條規矩。

人生的苦怎麼辦？

之前聽說仁波切被蛇咬了，大家都很擔心，我也趕緊透過語音訊息向仁波切問候。仁波切回覆沒事，我又追問，是否去醫院確認過？仁波切回答：「死就死，沒事。」死就死，仁波切說得好輕鬆。我想起他所承擔的事業與責任，換做是常人，就算是不怕死，也肯定會對遺留的人與計畫有許多罣礙。

這次在尼泊爾，我特別向仁波切問起關於老病死的問題；一般人諱莫如深的死亡課題，為何他可以舉重若輕？

「因為明白了，也接受了，就不怕。」

「人生能真正掌握的事情很有限，都是隨著業力因果變化。怕也是死，不怕也是死，怎麼樣都是死，這是結果，知道了，就不怕了。」

仁波切告訴我，面對那些人生的痛苦與不順利，必須學會「接受」。若不接受，就會痛苦。現在有痛苦，也是因為自己過去種下的因，現在得承受這個果。仁波切進一步說，「覺知」（英譯為Awareness）很重要，你覺知了這整起事情，就是面對的第一步，如果消極以對，那就是進入下一個消極的反覆循環。

討論到消滅痛苦，一旁的攝影師彥廷提問，臺灣坊間近年來提倡身心療癒，像是西藏頌鉢與瑜伽課程，會有幫助嗎？

「西藏沒有頌鉢，那是生意人的發想。」

「但是有些課程強調結合了佛法禪修與頌鉢的共振療癒，仁波切又怎麼看？」

「你覺得頌缽讓你放鬆，主要是因為你將注意力放在缽的聲音上，這就達到某程度的『止』禪。這是禪的效果，不是缽的效果。我對這類課程沒有意見。」

「有些人壓力大到想自殺，那怎麼辦？」彥廷再問。

關於自殺，仁波切講了許多。他認為自殺實在很不好，亡者死後的神識會歷經非常多次的自殺痛苦，五百世之後才可能再次投生為人。在世的親友為自殺亡者超度，縱然有些幫助，但根本狀況還是存在，他仍要歷經這些過程。

在此，我們繼續追問：「超度祖先有用嗎？」仁波切回覆：「會有幫助，縱使祖先已經投生到新的地方，但這些超度的功德，會讓他的現世更安穩。」

根據仁波切的說法：所謂功德，本質就是愛——你本著愛護這位祖先的心去修法超度，而法事的功德將會利益眾生，這一切又是因為那位祖先開始，所以他會有功德。來自三寶的加持，是加持於你的心——生生世世的神識，並非加持你的身——短暫一生的人身。愛的力量無法永遠跟隨你的身，但凡歷經一世生死，你的身體也就消散了，但是愛會跟隨你的心，成為你永遠的力量。

仁波切忽然轉換語氣，問起我們：「問問看那些壓力很大的人，要不要來尼泊爾住三個禮拜？」

「在臺灣社會，大家想很多，生活也沒有空閒；尼泊爾則恰好相反，來尼泊爾看看這裡的生活，大家雖然窮，但都很放鬆快樂。」

「要好好利用自己的生命啊，身心健康與家庭是很重要的。如果忽略這些，把時間心力都拿去賺錢，就大錯特錯了。佛法談利益眾生，我們也要知道怎麼讓自己快樂與放鬆，才有辦法利益眾生。」

「生命不是用來忙累的。身心的健康，跟身體比起來，心理更為重要。現代人都太在乎、太照顧『身』了，一切的努力都是為了讓身可以過更好的日子。但身會死，心不會死。照顧心的方法就是禪修。」

「仁波切，你自己有煩惱痛苦時，會怎麼解決？」彥廷再問。

「小時候的苦就是苦，跟一般人一樣，風怎麼吹，就怎麼倒。圓滿三年閉關之後，就會用禪修打坐面對煩惱痛苦。現在我還是會有煩惱痛苦啊，但就會知道怎麼去面對、接受，以及用禪修打坐來解決。」

禪修才能成佛

「禪修最重要，禪修打坐才能成佛。」仁波切這樣說。

提到打坐這個修行方法，一般人很容易聯想到漢傳佛教的禪宗，而不太會想到藏傳佛教。大家對於藏傳佛教的第一印象可能是灌頂、法會，或是華麗的儀式與文化特徵。之所以造就這個刻板印象，其中一個可能的原因，就是藏傳佛教的傳播長期以來受到語言的隔閡——大家不解其中深意，就只能參與儀式求平安。究其實，所有佛法宗派的修持核心就是禪修，而最廣為人知的禪修就是打坐的形式，所以仁波切才會說：「打坐才能成佛」。

禪修的「禪」（Dhyana），古印度的梵文原文意義是「靜慮」。透過集中心念、專注地向內觀，達到心的寧靜，這就是「止」禪（Shamatha，音譯為「奢摩他」）。透過內觀，進而達到自然洞悉萬事萬物實相的本質，明白安住在「空」的智慧中，這就是「觀」禪（Vipashyana，音譯為「毗婆舍那」）。禪修不為佛教獨有，許多宗教都有禪修的傳統，但佛法的禪修不只停留在禪修之後的平靜安樂，更強調透過觀察「緣起性空」的真諦，根本上斷除所有貪嗔癡與我執，解脫輪迴，終至圓滿覺悟成佛。

仁波切說：「心不散亂就是禪修。」他首先要我們學會放鬆身心，不用拘泥於一定的禪修形式；所有修持的重點都在於瞭解意義，而不只專注在行為。他也強調，喜歡儀式修法很好，但不要忘記「學佛是為了成佛」，所以更基本的是，回歸佛陀修道歷程給後人的啟發，並感恩佛陀的傳法，才是解脫之源。

平日裡看見仁波切，總是忙於寺務與接見弟子，就算是在法會上，也是不斷地進行儀式，似乎沒有看見仁波切在「打坐」。關於此，仁波切的侍者阿亞喇嘛（Lama Arya）說，仁波切通常是在凌晨三點左右起身打坐，弟子不太會親眼見到，打坐確實是仁波切每日的重要功課。

仁波切給予一些關於禪修打坐的原則指導：打坐禪修時，身心沉靜下來，這時候會感受到「心」（Citta）與「氣」（Prana）的存在，我們應當將重點放在心上，而不是氣上，進而要讓心氣合一。這個要訣聽起來很抽象，仁波切也說這會是有禪修基礎的弟子才能體會，他繼續解說一些關於初學者能夠實做的禪修心法。

禪修時，可以觀修「慈悲心」，觀眾生的痛苦，培養自己一定要出離輪迴、也救度眾生出離輪迴的心。再來觀修「空性」，了悟萬事萬物都是由一絲一縷的因緣聚集而成，所有的事物本身沒有實體，抽掉了這些聚集的因緣，會發現本來無一物，這就是空。一旦有了出離心，認知輪迴是苦，接著生起慈悲

在貢噶寺大殿外的修法，前排領眾的白衣者是貢噶仁波切。貢噶寺佇立在獨立的山頭，四周開闊，如遇雲霧，本座山頭就有高聳入雲之感。（攝影／噶瑪悉樂）

心，要利益一切受苦眾生，再觀修空性，這樣一步一步地觀修。

仁波切的禪修法門根源自噶瑪噶舉派的最高心法「大手印」。他的首位大手印傳法上師是第二世波卡仁波切，那是在一九九九年，貢噶仁波切十六歲時，波卡仁波切為他舉行坐床法會之後的密集指導。貢噶仁波切的第二位大手印上師，就是如父親般的大司徒仁波切，第三位大手印上師是桑傑年巴仁波切。貢噶仁波切認為，在他自己的三年三個月傳統閉關之後，對於大手印禪修，有更深刻的見解，這也是他此後用以斷除煩惱痛苦與不斷精進修行的法門。

仁波切說：「大手印很難解釋，因為一般人不明白自心，也無法用言語說明；同時，大手印也很容易解釋，因為大手印就是心。」

平時的生活裡，我們因為眼、耳、鼻、舌、身受到外界的刺激，而觸發了種種念頭，於是心不斷跟著亂跑。但當見到了大手印、亦即見到了心之後，心就會安住，不再亂跑，就算有外境的刺激，也可以用平常心面對，如如不動。

大手印的境界，在不同的傳承裡面，可能有不同的說法，例如寧瑪派中的「大圓滿」（Dzogchen）法門即是，兩者的本質都是一樣的。當我們能夠見到自心，就是見到了大手印、大圓滿，也是見到了諸佛如來。諸佛跟眾生的差別，就在於諸佛永恆安住在大手印，而眾生的心卻是散亂的。

仁波切十六歲時在波卡仁波切的指導下，第一次見到了大手印，但這感受不是一得永得，有的時候還是會散亂，所以要依靠上師的指導，逐步地實修。仁波切清晰地記得那一次見到大手印的感受，就是「有一種瞭解了全世界的感覺」，因為他在那時清楚地知道了自己的心。

仁波切在大手印修持上，有四個體悟分享：一、更完整地認清自心本性。二、對輪迴的一切生起堅定的出離心。三、了悟眾生都在無明中顛倒流轉。四、自然對眾生生起慈悲心與菩提心。

修持大手印的前提是需要有穩固的基礎，仁波切說，他要求想學大手印的弟子，一定要修完四十萬的四加行[34]），他才可能傳授。

「若要此生成就，就要修大手印，要修大手印，一定要修四加行。要消除罪障，累積資糧，才有足夠的基礎去了悟自心。做其他的苦行修持，當然可以消除罪障，但如果要修大手印，非得修四加行不可。」

四加行是噶瑪噶舉派弟子企及大手印心法的第一關，由於這個功課需要下決心，花費大量的體力與心力，導致許多弟子多年以來，都還停留在這座大山前喟嘆。仁波切個人認為，這個修行指南在噶瑪噶舉派裡傳承了千餘年不墜，歷代祖師依此開悟成就，所以他自己指導弟子時，在這個條件上絕不退讓，要求弟子做的修持數量也絕對不打折扣。他說：「如果四加行的修持數量可以打折的話，為什麼前輩祖師不打折？」不僅修持的數量要達標，修持的品質也要維持。

「為什麼我看仁波切給一些不同的弟子不同的功課，並非都是四加行。」

「當然有可能分別給出不同的功課，因為他們有各自不同的情況與基礎。但是，噶瑪噶舉弟子如果不修四加行與大手印，就無法在此生開悟成就。」

雖然不容易，仁波切還是非常鼓勵弟子勇於嘗試，因為這是他親身體會過，可以解脫輪迴痛苦，並證悟自心本性的最佳法門。

34 四加行解釋，請見本書第二二五頁，注29。

上師存在的意義

在一個天未亮的清晨，我與朋友們相約，到貢噶寺主建築的工地頂樓拍攝日出。當天的雲層很厚，我們沒有看見想像中伴隨著金光的太陽。天色逐漸白成一片，滿山迴盪小孩們的早課誦經聲，我們走回住處。大門猶自敞開，不遠處的仁波切穿著休閒服與拖鞋，背著手，拿著一條長念珠，獨自一人，沿著碎石路走往後山。我們的好奇心頓起，決定不進門，就這樣跟著仁波切走去。

仁波切回頭發現我們跟在後面，沒有出聲呼喚，繼續前行。他在一個開闊處的山崖邊駐足，背著手看望遠山，天地寧靜，彷彿只有他一人。仁波切再次起步，他往田園裡走去，順著陡峭的稜線往下。仁波切不走田埂，而是直切下坡，所經之處都是高低落差的斷坡或是樹叢，看他走得輕鬆，我們卻跟得辛苦。他偶爾回望，確定我們跟上了，才繼續走，他依然沒有跟我們說話。

我們一路走過了玉米田、果樹園以及一大片棚架之後，來到丘陵的端點跟他會合。經過這番歷險，我們已不知自己身在何處，只見眼前一處用鐵皮浪板搭建的小屋。我們走上前去，看見一位背著幾條念珠在身上的中年男人，正合掌跟仁波切說些什麼。

「喂，你們要不要喝牛奶？」仁波切問。

我們順著男人的背後看過去，屋外的雨遮下，有一大鍋用柴火燒著的牛奶。屋裡面的天花板掛滿了曬乾的玉米，地上有幾頭奶牛、堆滿的牧草，還有一個簡陋的床鋪。

「他有一天夢見蓮師，蓮師說想要喝牛奶，他就來問我可不可以在這裡養牛，每天擠奶供養寺廟的僧眾。我答應了。他就在這裡養牛。」

「他擔心牛晚上會怕，所以他也搬過來跟牛一起睡，陪牛。」

「他是弟子，我來看看他。」

男人在旁邊爽朗地笑著，見仁波切走出，他便虔誠地合掌讓道。

仁波切脫下外衣紮在腰間，語音剛落，便起步回程。原來仁波切清晨走過後山，是來探視這位弟子。回想方才的一幕，忍不住在心裡讚嘆：這位先生的心好純粹啊，只因要圓一個供養的夢，便以全副的身家心力來成就這件事。雖然環境簡陋，工作辛苦，他的笑容可見一切甘之如飴。

我想起了仁波切說的，一個真正學佛的弟子該是什麼狀態。他們很穩定，依著上師的指導而修，每天很有紀律地從事自己的功課，隨時憶念上師三寶。上師也會很明確地知道這個弟子的狀況。仁波切說，修行精進與否，不以出家在家論斷，也不是看他學過多少法門，而是有沒有按照上師的指導，老老實

仁波切清晨獨行，翻越山嶺去探視牧牛的弟子。（攝影／林彥廷）

實、按部就班地往前走。我方才在牧牛男子的鐵皮屋裡，沒有見到任何佛龕或菩薩的掛軸，沒有供著油燈或是焚香，但他對上師的虔敬，以及單純要供養牛奶的發心，讓我確信他是一位精進的修行者，而且他的修行是如此樸實與莊嚴，令人敬重。

仁波切說過，先有弟子的需要，他才是一位上師。有弟子以虔敬的心，踏實地以生命實踐佛法，那麼他來人間一趟扮演上師才有意義。我在仁波切與牧牛人之間，看見了非常純粹的師徒關係。

佛法說，世間的一切都是因緣聚合的幻象，如夢似幻，亦如海市蜃樓，我們身為世間的一份子，也是依著因緣而來。我們的悲歡離合、喜怒哀樂，無不是幻。我們在幻夢中感受到痛苦，要解脫這一切，唯有從夢中醒來。上師存在的意義之一，就是撥開迷霧，喚醒你。

我們思考與行為的慣性是輪迴得以持續運作的成因之一，正因為我們因循著牢不可破的思考惰性，所以生生世世以來，痛苦又復痛苦，求出無期。我們經常聽到一些祖師大德指導弟子的案例，師父的行徑聽起來唐突又乖張，而往往就是在這種認知的落差間，弟子才有一絲掙脫慣性思考的空隙。把握那點空隙，擴大它，那將是一個新的境界。

本次採訪旅行的最後，我們隨仁波切一起拜訪尼泊爾第二大城博卡拉。一日我們在餐廳吃飯，窗外走來一位賣荔枝的婦女，用尼泊爾語詢問仁波切要不要買荔枝。仁波切拿起餐桌上的荔枝，反問她：「還是你要跟我買？我這個荔枝很好喔！」餐後，我們走在街上，博卡拉湖畔的租車小販對仁波切揮手，並用手比了催摩托車油門的姿勢，問仁波切要不要騎車。仁波切在對街，對著他用雙手比個叉，然後張開雙手作勢要起飛；他不要騎車，他想要飛上天。

仁波切在生活中常有「出人意料」的言行，因為他的上師身分，會讓我去思考我的「意外」的感覺。會覺得意外，正是我預設了一個上師的樣貌，當仁波切不符合那個樣貌，我便覺得奇怪。但其實，這也可以是我利用仁波切的言行去拆解我慣性思考的方式——這是一個嘗試解脫思考慣性的契機。

縱然仁波切常有出人意表的言行，但始終不變的是他的慈悲心。當我們沿著湖畔散步，遠方走來一位背著點心沿途叫賣的少女，我的直覺是仁波切一定會喊住她，跟她買點心。果不其然，仁波切喊住她，請她為我們每一個人做點心，由仁波切結帳請客。上師的日常行為再怎麼不按牌理出牌，可資依賴之處，就是他純粹不動搖的慈悲心。

上師的存在，為我們拆解痛苦，顯露智慧。在密續中說明，上師的心就是佛心，也就是我們的自心。

結語

出發原來是歸途

少年時，初識的貢噶仁波切，是第九世貢噶佛爺，一個歷史人名，是師父的師父，是一幅清末民初的人物畫像。當我按照代代相傳的修法儀軌指示，觀想貢噶仁波切為上師，他的樣態只能停留在平面的輪廓與陳舊的顏色——其實他與我從未親眼見過的菩薩一樣陌生。

二〇〇〇年的某一日，母親從寺廟裡帶給我一張照片，說這是第十世貢噶仁波切，現在正在印度，跟著大寶法王與大司徒仁波切學習。這張半身相的照片是彩色的，仁波切站在一處藏傳佛寺的屋頂，背後是金色的法輪。他穿著三件的僧服，樣貌清瘦，表情平靜，那微蹙的眉頭，可能是因為戶外的陽光，或是尚未習慣被鏡頭直視。我看著照片，雖然比起民初的人物畫有更多細節，但依然覺得他很遙遠，好像上師本應與我們有一段不可企及的距離。因緣際會，後來的我竟然得以與他相遇，而後被他帶領到印度智慧林寺學習，自此改變了我人生的軌跡。

二〇二四年，我在興建中的尼泊爾貢噶寺，有機會隨侍並採訪他，並以他為主題，寫下一本關於他的書。這一本書的內容多數來自仁波切的講述，以及我對仁波切的觀察與問答，它可以是人物傳記，也可以是有時序與主題的散文，對我自己而言，其本質是弟子與上師之間的生命對話。

在尼泊爾的某一日早晨，我在廣場上參加朝會，當他們的既定流程完成後，仁波切忽然要我給這八十多位學生一個短講。我一開始推辭，但仁波切一定要我說話，而且他將親自為我翻譯。

我站在全體學生前，陽光耀眼，毫無準備的我，只能直接跟他們說出當下的想法。我是這麼說的：

「我是噶瑪悉樂（Karma Sherab），仁波切的臺灣弟子。這個名字是二〇〇一年他傳授皈依戒給我時，幫我取的。去年我幫一位知名的電影明星寫了佛學自傳，而今年，來尼泊爾幫自己的上師寫書。

仁波切讓我跟大家說一些話，我想不是因為我特別厲害，而是我跟你們一樣，都是仁波切的弟子，只是我比你們年長，可以分享一些想法。

你們應該都非常敬畏仁波切吧？他真的是一位大上師。但我也要跟你們說，他曾經跟我們一樣，從頭開始學。你們現在看到仁波切坐在很高的法座上，接受眾人的頂禮，這是因為他歷經了你們無從想像的辛苦與磨練，完成了他的上師給他的期許與修行，他現在正在做利益眾生的事業。

上師的偉大之處，是用他自己的生命給我們當作修行的典範與引導，還有他待我們的平等無私。

你們在這裡讀書，很幸福，仁波切與師母就像是你們的父母。這裡有上師、有教授、有伙伴，還有一切佛法的資源。請好好努力學習，成就自己，將來也成就其他眾生。」

在未經構思的情況下，我脫口而出的這段短講，讓我自己印象深刻。並非是覺得自己講得多麼好，而是在這個場景，被上師點名，面對這些聽眾，言談所及，不僅僅是對孩子們的說話，也像是對我自己的說話——對那個曾經在少年時被帶到印度學習的我說話。

在本書的前言，我提到了「覺得自己是被選中的幸運之人」，在歷經了二十餘年的旅程，特別是去年（二〇二四）與仁波切密切訪談之後，我才逐漸明白，當年的我，會被仁波切指名帶去智慧林寺，可能並非我是得天獨厚的天選之人，而是我有幸成為仁波切慈悲的對象。

他不忍我受苦，他希望我快樂，所以我和〈黑皮膚的佛〉中寫到的班匝咕嚕，或是〈孩子們〉裡面提及的尊卡及囊哇他耶一樣，都是因此被他帶到身邊的孩子。在人生的旅程中，我也跟〈在他的心裡，一天都沒有還俗〉中的朗日喇嘛一樣，雖有自己必經的跌宕起伏，而後彼此總是能在某處相見。縱然在〈不轉世了〉故事中寫到，此生可能是「我們在人間，各以此身的最後一回相遇」，但就如〈上師存在的意義〉篇章的結語所言「上師的心就是佛心，也就是我們的自心」。在究竟的時空中，我們從未相逢，也不曾離開，原本打算出發尋找的方向，到頭來發現竟是歸途。

本書紀錄了貢噶仁波切如何秉持本心，成為他自己的樣子。在人生的道途上，有真誠與慈悲的力量，我們不會孤單。當我們明白了自己是全體的一份子時，利他也就是自利。為了解決自己與他人的痛苦，勇敢向前邁步，就像佛陀當年為了參悟生命真理而踏上了修道之路，這便是最美麗的啟程。

獻給一切有情眾生。

寫於臺北大學里　二〇二五年大寒

國家圖書館出版品預行編目資料

我不度眾生：貢噶仁波切的人間行旅/噶瑪悉樂作. -- 初版. --
臺北市：聯合文學出版社股份有限公司, 2025.05
328面；14.8×21公分. -- (People；C020)(人物；20)
ISBN 978-986-323-689-4 (精裝)
ISBN 978-986-323-688-7 (平裝)

1.CST: 貢噶仁波切 2.CST: 藏傳佛教
3.CST: 佛教傳記 4.CST: 佛教修持

226.969　　114006104

人物 020

我不度眾生：貢噶仁波切的人間行旅

作　　者／噶瑪悉樂
發 行 人／張寶琴

總 編 輯／周昭翡
主　　編／蕭仁豪
資深編輯／林劭璜
編　　輯／劉倍佐
資深美編／戴榮芝
業務部總經理／李文吉
發行助理／詹益炫
財 務 部／趙玉瑩　韋秀英
人事行政組／李懷瑩
版權管理／蕭仁豪

法律顧問／理律法律事務所
陳長文律師、蔣大中律師

出 版 者／聯合文學出版社股份有限公司
地　　址／(110)臺北市基隆路一段 178 號 10 樓
電　　話／(02)27666759 轉 5107
傳　　真／(02)27567914
郵撥帳號／17623526 聯合文學出版社股份有限公司
登 記 證／行政院新聞局局版臺業字第 6109 號
網　　址／http://unitas.udngroup.com.tw
E-mail:unitas@udngroup.com.tw

印 刷 廠／約書亞創藝有限公司
總 經 銷／聯合發行股份有限公司
地　　址／(231)新北市新店區寶橋路235巷6弄6號2 樓
電　　話／(02)29178022

出版日期／2025 年 5 月　初版
定　　價／460 元

ISBN 978-986-323-688-7（平裝）